Chris Hohlstamm von Dehnen

MITTEN UNTER UNS
ENGEL ZUM ANFASSEN

Impressum
© 2025 Christopher Hohlstamm von Dehnen zu Wendhausen

Bibliografische Information der Deutschen Nationalbibliothek:
Die Deutsche Nationalbibliothek verzeichnet diese Publikation in der Deutschen Nationalbibliografie; detaillierte bibliografische Daten sind im Internet über http://dnb.dnb.de abrufbar.

Copyright © Mein Lebensfreudeverlag Chris Hohlstamm von Dehnen. Alle Rechte vorbehalten. Ausgabe: 1. Auflage 02.2025. Lektorat: Dr.-Ing. B. Grabe, Chris Hohlstamm von Dehnen. Korrektorat: Dr.-Ing. B. Grabe, Mein Lebensfreudeverlag

Verlag: BoD · Books on Demand GmbH, In de Tarpen 42, 22848 Norderstedt, bod@bod.de

Druck: Libri Plureos GmbH, Friedensallee 273, 22763 Hamburg

ISBN:978-3-7693-5351-8

Inhalt

Auf ein kleines Vorwort 17

Willkommen in der Welt der Engel 17

Die Essenz des Buches: Wissenschaft, Spiritualität und Praxis
vereint 18

Wie dieses Buch dein Leben bereichern kann 19

Eine Einladung zu deiner Reise 20

Kapitel 1: Engel – Ein Überblick 23

Wer oder was sind Engel? 23

Die verschiedenen Engelsdimensionen 24

Mythen, Missverständnisse und die Wahrheit über Engel 25

Engel in Religion, Kultur und moderner Spiritualität 27

Deine Verbindung zu den Engeln 28

Kapitel 2: Die energetische Ebene der Engel 31

Das Energiefeld von Engeln verstehen 31

Frequenzen und Schwingungen: Die Sprache der Engel 32

Engel und das kollektive Bewusstsein 33

Praktische Anwendung der Engelsenergie 34

Deine Reise zur energetischen Ebene der Engel 36

Kapitel 3: Die Verbindung aufnehmen 37

Vorbereitung: Dein innerer Raum der Stille 37

Meditationstechniken für den Engelskontakt 38

Zeichen erkennen: So kommunizieren Engel mit dir....................40

Übungen: Die erste bewusste Begegnung mit deinem Schutz-engel

....41

Die Bedeutung der ersten Begegnung..........................43

Kapitel 4: Techniken zur Vertiefung des Kontakts.......................... 45

Visualisierungsmethoden: Deine Brücke zur Engelswelt 45

Chakrenarbeit zur Harmonisierung und Öffnung für Engel...........48

Affirmationen und Gebete für eine klare Verbindung 50

Trancezustände nutzen, um Engelsbotschaften zu empfangen.....51

Kapitel 5: Die Sprache der Engel entschlüsseln............................. 53

Einführung in die Sprache der Engel...............................53

Symbole und ihre Bedeutung 53

Intuition als Schlüssel zur Engelsprache 55

Der Einsatz von Engelkarten und Orakeln 57

Botschaften in Träumen und Visionen 58

Visionen im Wachzustand 60

Deine Reise mit der Sprache der Engel 61

Kapitel 6: Praktische Methoden zur Manifestation von Engelsenergie 63

Einführung in die Engelsenergie 63

Schutz und Heilung mit der Kraft der Engel 63

Rituale und Zeremonien für Engelsbeistand 65

Die energetische Reinigung von Räumen mit Engelsenergie 67

Unterstützung bei Entscheidungen: Mit Engeln Klarheit gewinnen

.... 69

Deine Reise mit der Engelsenergie 70

Kapitel 7: Realistische Schritte zur Materialisierung 71

Einführung in die Materialisierung mit Engelsenergie 71

Was bedeutet Materialisierung? 71

Techniken der Energiebündelung 72

Übungen zur Wahrnehmung der Engelspräsenz 73

Erfahrungsberichte: Menschen, die Engelsenergie gespürt haben 75

Deine Rolle in der Materialisierung 76

Deine Reise zur Materialisierung mit den Engeln 77

Kapitel 8: Engel im Alltag integrieren 79

Einführung: Die Engel als tägliche Begleiter 79

Wie Engel dir im täglichen Leben helfen können...........................79

Die Balance zwischen Spiritualität und Realität finden.................81

Engel als Begleiter für persönliche und berufliche

Herausforderungen 82

Dankbarkeit und Vertrauen: Deine stärkste Verbindung.............83

Übungen zur Integration der Engelsenergie im Alltag 84

Deine Reise mit den Engeln im Alltag..85

Kapitel 9: Hindernisse und Zweifel auf dem Weg 87

Einführung: Die Herausforderungen der Engelverbindung...........87

Warum wir manchmal keine Engel spüren....................................87

Umgang mit Skepsis – die Balance zwischen Glauben und Vernunft

....88

Schutz vor Selbsttäuschung und unrealistischen Erwartungen 89

Praktische Tipps zur Überwindung von Blockaden 91

Übungen zur Vertiefung der Verbindung 92

Deine Reise durch Hindernisse und Zweifel 93

Kapitel 10: Eine Welt mit Engeln erschaffen 95

Einführung: Die kollektive Kraft der Engelsenergie......................95

Die kollektive Wirkung der Engelsenergie auf die Menschheit......95

Engel und die Vision einer harmonischen Zukunft.........................97

Wie du durch deine Verbindung mit Engeln andere inspirieren
kannst 98

Übungen für die kollektive Transformation 99

Deine Rolle in der Erschaffung einer neuen Welt 100

Kapitel 11: Danksagung und Ausblick – Die Botschaft der Engel weitertragen
....101

Einführung: Die Engel danken dir...101

Die tiefe Bedeutung von Dankbarkeit 101

Rückblick auf deine Reise mit den Engeln...................................102

Die Engel und die Zukunft der Menschheit.................................104

Deine persönliche Verbindung zu den Engeln stärken................105

Ein persönlicher Dank des Autors 106

Kapitel 12: Die Engelsenergie in die Welt tragen 107

Die Vollendung deiner Reise 107

Die Verantwortung eines Lichtträgers 107

Die kollektive Wirkung deiner Verbindung 108

Dein Beitrag zu einer besseren Welt...109

Ein persönlicher Abschied 110

Kapitel 13: Gebete und Meditationen – Werkzeuge für jede Lebenslage .. 111

Einführung: Die transformative Kraft von Gebeten und
Meditationen 111

Die Bedeutung von Gebeten in der Engelsarbeit 111

Sammlung von Gebeten 112

Die Rolle der Meditation in der Engelsarbeit 113

Geführte Meditationen 114

Praktische Tipps für Gebete und Meditationen 116

Die Kraft der Hingabe 116

Kapitel 14: Eine Auswahl an Engelskarten und Orakeln – Empfehlungen für
deine spirituelle Reise 119

Einführung: Werkzeuge zur Vertiefung deiner Engelsverbindung
....119

Die Bedeutung von Engelskarten und Orakeln............................119

Auswahl der richtigen Engelskarten 120

Anwendung von Engelskarten 121

Rituale mit Engelskarten...123

Pflege und energetische Reinigung der Karten 123

Dein persönlicher Zugang zu den Engeln 124

Kapitel 15: Ein persönliches Engelsjournal führen – Vorlagen und Inspiration

.... 125

Einführung: Warum ein Engelsjournal dein spiritueller Begleiter

sein kann.. 125

Wie du dein Engelsjournal aufbaust... 126

Beispiele für Journalvorlagen 127

Rituale rund um dein Engelsjournal 128

Wie du aus deinem Journal lernst.. 129

Dein heiliger Raum der Engel 129

Kapitel 16: Engel und ihre Symbole – Die geheime Sprache der himmlischen

Helfer.. 131

Einführung: Die Symbolik der Engel verstehen 131

Die Sprache der Engel: Warum Symbole?................................... 131

Wichtige Engelsymbole und ihre Bedeutungen 132

Symbole in Träumen und Visionen... 133

Die Anwendung von Engelsymbolen im Alltag........................... 134

Symbole als Werkzeuge der Manifestation................................ 135

Die Entwicklung deiner eigenen Symbolsprache 136

Die geheime Sprache der Engel verstehen................................. 137

Kapitel 17: Eine Welt mit Engeln erschaffen – Visionen für eine harmonische Zukunft 139

Einführung: Die kollektive Kraft der Engelsenergie 139

Die Vision einer harmonischen Zukunft 139

Die kollektive Wirkung der Engelsenergie 140

Wie Engel dich im Alltag inspirieren können 141

Praktische Schritte zur Integration der Engelsenergie 142

Die Engel und die Vision einer harmonischen Zukunft 142

Kapitel 18: Hindernisse und Zweifel – Die Balance zwischen Glauben und Realität 143

Einführung: Herausforderungen auf dem Weg der Engelsverbindung 143

Warum wir manchmal keine Engel spüren 143

Umgang mit Hindernissen auf deinem Weg 144

Umgang mit Skepsis – Die Balance zwischen Glauben und Vernunft 146

Schutz vor Selbsttäuschung und unrealistischen Erwartungen ... 147

Praktische Tipps zur Überwindung von Blockaden 148

Hindernisse als Chance zur Vertiefung 149

Kapitel 19: Eine Welt mit Engeln erschaffen – Visionen für eine harmonische Zukunft 151

Einführung: Die kollektive Kraft der Engelsenergie 151

Die Vision einer harmonischen Zukunft 151

Die kollektive Wirkung der Engelsenergie 152

Wie Engel dich im Alltag inspirieren können 153

Praktische Schritte zur Integration der Engelsenergie 154

Die Engel und die Vision einer harmonischen Zukunft 154

Kapitel 20: Dankbarkeit und Vertrauen – Deine stärksten Verbindungen zu den Engeln 155

Einführung: Warum Dankbarkeit und Vertrauen die Schlüssel zur Engelswelt sind 155

Die Kraft der Dankbarkeit 155

Vertrauen als Fundament deiner Engelsverbindung 156

Dankbarkeit und Vertrauen im Alltag leben 158

Übungen zur Vertiefung von Dankbarkeit und Vertrauen 159

Dankbarkeit und Vertrauen als Weg zur Heilung 159

Dankbarkeit und Vertrauen als Schlüssel zur Engelswelt 160

Kapitel 21: Engel und die Harmonie mit der Erde 161

Einführung: Engel und ihre Verbindung zur Natur 161

Die Rolle der Engel als Beschützer der Erde 161

Wie Engel dir helfen können, die Natur zu ehren 162

Deine Rolle als Hüter der Erde...................163

Übungen zur Vertiefung deiner Verbindung mit der Natur und den Engeln 164

Die Erde und die Engel als Einheit begreifen................164

Kapitel 22: Die kollektive Heilung – Wie Engelsenergie die Menschheit transformiert...................167

Einführung: Die Kraft der Engelsenergie für die Welt 167

Die Rolle der Engel in der kollektiven Transformation................167

Die Wirkung von kollektiver Heilung 168

Wie du Teil der kollektiven Heilung wirst.................169

Die Auswirkungen der Engelsenergie auf die Menschheit..........170

Übungen zur Unterstützung der kollektiven Heilung.................171

Geschichten der kollektiven Heilung.................172

Gemeinsam mit den Engeln die Welt transformieren.................172

Kapitel 23: Engel und persönliche Wunder – Wie du ihre Präsenz im Alltag spüren kannst...................173

Einführung: Persönliche Wunder durch Engelsenergie erleben .. 173

Die Natur persönlicher Wunder 173

Wie Engel im Alltag wirken.. 174

Übungen zur Wahrnehmung von Wundern im Alltag................. 175

Wunder als alltägliche Begleiter.. 176

Kapitel 24: Der Weg in die Einheit – Engel als Wegweiser zur kosmischen

Verbindung 177

Einführung: Engel und die kosmische Einheit 177

Schritte zur Erfahrung der Einheit... 178

Die Engel und der kosmische Plan... 179

Übungen zur Verbindung mit der kosmischen Einheit................ 179

Die Engel als Brücke zur Einheit 180

Einführung: Ein besonderer Weg zu tiefem Engelskontakt.......... 181

Warum dieser Kurs ein besonderes Erlebnis ist......................... 181

Was dich im Kurs erwartet 182

Was macht diesen Kurs so besonders? 183

Erfahrungsberichte von Teilnehmern 184

Wie du teilnehmen kannst 185

Eine unvergessliche Reise.. 185

Abschlusswort / Gedanken 187

Bonus-Kapitel: Kostenloses eBook, um deine medialen Fähigkeiten zu

entwickeln + MEHR 189

Über den Autor – Eine Reise zu den Lichtwesen 191

    Einführung: Ein Leben im Dienst der Schöpfung 191

Weitere Bücher von Chris Hohlstamm von Dehnen 193

Auf ein kleines Vorwort

Willkommen in der Welt der Engel

Stell dir eine Welt vor, in der dich unsichtbare Begleiter mit bedingungsloser Liebe, Weisheit und Schutz umgeben. Eine Welt, in der du niemals wirklich allein bist, selbst in deinen schwierigsten Momenten. Diese Welt ist real. Engel sind mitten unter uns, bereit, dich zu führen, zu inspirieren und dir den Weg zu zeigen. Dieses Buch ist eine Einladung, diese wundersame Welt zu entdecken und die Verbindung zu den Engeln zu vertiefen.

Vielleicht hast du schon einmal gespürt, dass da etwas Größeres ist – ein sanftes Flüstern in schwierigen Zeiten, eine unerklärliche Wärme, die dich beruhigt hat, oder ein Zeichen, das dich zum Innehalten brachte. All das sind Momente, in denen Engel mit uns kommunizieren. Sie möchten dir zeigen, dass du Teil eines größeren Plans bist und dass sie immer an deiner Seite stehen, um dir zu helfen, deinen Weg zu finden.

Dieses Buch nimmt dich an die Hand und führt dich Schritt für Schritt in die Welt der Engel ein. Es geht darum, diese himmlischen Begleiter nicht nur zu verstehen, sondern ihre Präsenz in deinem Alltag spürbar zu machen. Lass uns gemeinsam auf diese Reise gehen.

Die Essenz des Buches: Wissenschaft, Spiritualität und Praxis vereint

Die Welt der Engel wird oft als rein spirituelles oder religiöses Konzept angesehen, doch sie ist viel mehr als das. Engel sind energetische Wesen, deren Präsenz mit modernen wissenschaftlichen Ansätzen, spirituellen Traditionen und praktischen Erfahrungen erklärt werden kann. Dieses Buch verbindet diese drei Bereiche zu einer ganzheitlichen Perspektive.

- **Wissenschaft:** Wusstest du, dass Frequenzen und Schwingungen die Grundlage aller Energie sind? Engel wirken auf einer feinen Frequenzebene, die wir mit unserem Bewusstsein wahrnehmen können. Dieses Buch erklärt dir, wie du diese Frequenzen erkennen und mit ihnen arbeiten kannst.

- **Spiritualität:** Die Geschichten von Engeln sind so alt wie die Menschheit selbst. In allen Kulturen und Religionen gibt es Erzählungen von himmlischen Wesen, die uns schützen und leiten. Diese spirituelle Weisheit hilft uns, die Rolle der Engel in unserem Leben zu verstehen.

- **Praxis:** Theorie ist wichtig, aber dieses Buch legt den Schwerpunkt auf praktische Übungen, Meditationen und Rituale, mit denen du die Verbindung zu den Engeln aktiv erleben kannst. Es geht darum, ihre Energie in deinem Alltag zu nutzen.

Die Kombination aus diesen drei Bereichen macht dieses Buch zu einem einzigartigen Werkzeug, das dich auf deiner Reise begleitet – egal, ob du Anfänger bist oder bereits eine starke Verbindung zu den Engeln spürst.

Wie dieses Buch dein Leben bereichern kann

„Mitten unter uns – Engel zum Anfassen" ist mehr als ein Buch. Es ist ein Begleiter, der dir hilft, die Liebe und Weisheit der Engel in deinem Leben zu spüren. Hier erfährst du, wie du die unsichtbaren Fäden, die dich mit der himmlischen Welt verbinden, bewusst wahrnehmen kannst.

1. Tieferes Verständnis

Du wirst lernen, wer oder was Engel wirklich sind. Dieses Buch klärt Missverständnisse auf und gibt dir ein klares Bild von ihrer Rolle in deinem Leben. Es zeigt dir, wie Engel wirken, wie sie kommunizieren und wie sie dir helfen können, deine Herausforderungen zu meistern.

2. Erlebe ihre Präsenz

Dieses Buch ist keine trockene Theorie – es lädt dich ein, die Engel zu erleben. Durch Meditationen, Übungen und Rituale wirst du die Energie der Engel spüren und ihre Botschaften empfangen können. Es ist eine Reise, die dich mit deinem innersten Selbst und der himmlischen Welt verbindet.

3. Wachse über dich hinaus

Engel bringen nicht nur Trost und Heilung, sondern auch Wachstum und Transformation. Sie helfen dir, Blockaden zu lösen, alte Muster loszulassen und dein wahres Potenzial zu entfalten. Mit ihrer Hilfe kannst du eine neue Ebene von Selbstbewusstsein und Klarheit erreichen.

4. Engel in deinen Alltag integrieren

Engel sind nicht nur für besondere Momente da. Dieses Buch zeigt dir, wie du ihre Energie in deinen täglichen Herausforderungen nutzen kannst – sei es in deinem Beruf, in Beziehungen oder bei wichtigen Entscheidungen. Sie möchten Teil deines Lebens sein und dir helfen, es mit Freude und Leichtigkeit zu gestalten.

Eine Einladung zu deiner Reise

Ich lade dich ein, dich für die Welt der Engel zu öffnen. Dieses Buch ist dein Schlüssel, um die himmlischen Energien in dein Leben einzuladen. Es ist nicht nur ein Buch, sondern eine Reise – eine Reise zu dir selbst, zu deinem höheren Bewusstsein und zu den Engeln, die immer bei dir sind.

Die Engel warten darauf, dich zu unterstützen, dich zu heilen und dir den Weg zu zeigen. Alles, was du tun musst, ist, dich für ihre

Botschaften zu öffnen und dich auf diese wundersame Verbindung einzulassen.

Bist du bereit, ihre Präsenz in deinem Leben zu spüren? Dann lass uns gemeinsam diesen Weg gehen.

Mit himmlischem Licht und tiefem Vertrauen,
Dein

Chris Hohlstamm von Dehnen

Bitte noch unbedingt daran denken:

Für jede Handlung bist du selbst verantwortlich! Alle Übungen, Methoden und Techniken in diesem Buch, sind nur Empfehlungen, um sich ggf. medial weiterzuentwickeln! Der Autor übernimmt jedoch KEINE Haftung für etwaige Folgen, die dem Anwender durch die in diesem Buch beschriebenen Methoden und Techniken in der Anwendung entstehen. Der Leser/Anwender haftet selbstverantwortlich in jegliche Form für sein Tun und Handeln, und spricht den Autor in jedem Fall von jeglicher Haftung frei!

Kapitel 1: Engel – Ein Überblick

Wer oder was sind Engel?

Stell dir vor, es gibt Wesen, die dich bedingungslos lieben und dir jederzeit zur Seite stehen, egal welche Herausforderungen du gerade erlebst. Engel sind solche Wesen – Energiewesen, die mit der göttlichen Quelle verbunden sind. Sie tragen Licht, Liebe und Weisheit in sich und haben die Aufgabe, uns Menschen zu begleiten, zu beschützen und zu inspirieren. Doch wer oder was sind Engel wirklich?

Engel sind keine physischen Wesen wie wir. Sie bestehen aus reiner Energie, ihre Schwingung ist hoch und fein. Deshalb können wir sie oft nicht mit unseren physischen Sinnen wahrnehmen. Trotzdem sind sie da, um uns zu helfen, wenn wir sie rufen oder uns für ihre Botschaften öffnen. Sie kommunizieren durch Intuition, Zeichen, Träume oder manchmal sogar durch andere Menschen. Engel sind keine entfernten, unerreichbaren Wesen – sie sind mitten unter uns.

In vielen spirituellen Traditionen werden Engel als Mittler zwischen der göttlichen Ebene und der Menschheit angesehen. Sie helfen uns, uns an unsere eigene innere Göttlichkeit zu erinnern und uns mit den höheren Dimensionen des Seins zu verbinden. Ihr Ziel ist es, uns auf unserem Lebensweg zu unterstützen und uns zu ermutigen, unser höchstes Potenzial zu entfalten.

Die verschiedenen Engelsdimensionen

Engel existieren auf unterschiedlichen Ebenen und haben je nach ihrer Aufgabe und ihrem Wirkungsbereich verschiedene Rollen. Lass uns einen Blick auf die wichtigsten Dimensionen werfen:

1. Die Schutzengel

Schutzengel sind die engsten Begleiter eines jeden Menschen. Seit deiner Geburt sind sie an deiner Seite, kennen deine Stärken, Schwächen, Träume und Herausforderungen. Ihr Ziel ist es, dich zu beschützen, dir Trost zu spenden und dich auf deinem Seelenweg zu führen. Sie greifen nicht in deinen freien Willen ein, sondern unterstützen dich liebevoll, wenn du sie darum bittest.

2. Die Erzengel

Erzengel stehen über den Schutzengeln und übernehmen universelle Aufgaben. Jeder Erzengel hat spezielle Qualitäten und Energien, die er den Menschen zur Verfügung stellt. Zum Beispiel bringt Erzengel Michael Schutz und Mut, während Erzengel Raphael für Heilung und Gesundheit steht. Erzengel sind nicht an eine einzelne Person gebunden, sondern helfen gleichzeitig vielen Menschen auf der ganzen Welt.

3. Die himmlischen Hierarchien

In der spirituellen Tradition gibt es neun Engelschöre, die in drei Hierarchien unterteilt sind:

- **Die höchsten Chöre:** Seraphim, Cherubim und Throne stehen der göttlichen Quelle am nächsten und tragen reine Liebe und Licht.

- **Die mittleren Chöre:** Dominions, Tugenden und Mächte sorgen für Ordnung und Harmonie im Universum.

- **Die niedrigeren Chöre:** Fürstentümer, Erzengel und Engel wirken direkt mit der Menschheit und unterstützen uns in unserem täglichen Leben.

Diese Hierarchien mögen abstrakt erscheinen, doch sie zeigen die Vielschichtigkeit der Engelswelt und die Harmonie, in der sie wirken.

Mythen, Missverständnisse und die Wahrheit über Engel

Engel sind seit Jahrhunderten ein Thema von Geschichten, Mythen und kulturellen Interpretationen. Doch nicht alles, was wir über Engel hören, entspricht der Wahrheit. Lass uns einige der häufigsten Missverständnisse aufklären:

Mythos 1: Engel haben Flügel

Die Darstellung von Engeln mit Flügeln ist ein Symbol, das ihre Fähigkeit repräsentiert, zwischen den Dimensionen zu reisen. In Wirklichkeit benötigen Engel keine Flügel, da sie sich durch ihre reine Energie frei bewegen können.

Mythos 2: Engel helfen nur Gläubigen

Engel sind für alle da, unabhängig von Religion, Glauben oder Herkunft. Sie urteilen nicht und stellen keine Bedingungen. Ihre Liebe ist universell, und sie stehen jedem zur Verfügung, der ihre Unterstützung sucht.

Mythos 3: Engel sind nur männlich oder weiblich

Engel sind geschlechtslose Wesen. Sie können sich uns jedoch in einer Form zeigen, die für uns vertraut und beruhigend ist – oft als männliche oder weibliche Figur.

Die Wahrheit über Engel

Engel sind Wesen der Liebe und Weisheit, die uns helfen wollen, unser Leben in Harmonie und Fülle zu gestalten. Sie greifen niemals in unseren freien Willen ein, sondern respektieren unsere Entscheidungen. Ihre Botschaften sind immer positiv, unterstützend und aufbauend.

Engel in Religion, Kultur und moderner Spiritualität

Engel sind in fast allen Religionen und Kulturen der Welt präsent. Ihre Geschichten und Darstellungen haben sich im Laufe der Jahrhunderte verändert, doch ihre Essenz bleibt dieselbe: Sie sind Helfer und Mittler zwischen Himmel und Erde.

Engel in der Religion

- **Christentum:** Engel werden in der Bibel oft als Boten Gottes beschrieben. Sie bringen göttliche Botschaften, schützen die Menschen und führen sie auf den richtigen Weg. Bekannte Erzengel wie Michael, Gabriel und Raphael spielen eine zentrale Rolle in vielen biblischen Geschichten.

- **Islam:** Im Islam sind Engel (Malaika) Diener Allahs, die keine Fehler machen können. Sie überbringen Offenbarungen, wie sie Gabriel dem Propheten Mohammed übermittelte, und dokumentieren die Taten der Menschen.

- **Judentum:** Engel (Mal'akh) treten in der Tora und im Talmud auf. Sie dienen als göttliche Boten und führen wichtige Aufgaben im Auftrag Gottes aus.

Engel in der Kultur

Engel sind seit Jahrhunderten ein beliebtes Motiv in der Kunst, Literatur und Musik. Von den Gemälden der Renaissance bis hin zu modernen Filmen symbolisieren sie Reinheit, Schutz und Hoffnung. Ihre Darstellung hat sich über die Zeit gewandelt, doch ihre Botschaft bleibt universell.

Engel in der modernen Spiritualität

Heute erleben Engel eine Renaissance in der spirituellen Bewegung. Sie werden nicht mehr nur als religiöse Figuren betrachtet, sondern als energetische Begleiter, die jedem zur Verfügung stehen. Viele Menschen berichten von persönlichen Begegnungen mit Engeln – sei es durch Meditation, Träume oder Synchronizitäten. Ihre Präsenz wird als kraftvoll, liebevoll und unterstützend wahrgenommen.

Deine Verbindung zu den Engeln

Engel sind nicht weit weg – sie sind hier, mitten unter uns. Sie möchten dir helfen, dein Leben in Einklang zu bringen, Herausforderungen zu meistern und dein inneres Licht zum Strahlen zu bringen. Alles, was du tun musst, ist, dich für ihre Energie zu öffnen.

Dieses Kapitel war nur der Anfang. Im nächsten Abschnitt wirst du mehr über die energetische Ebene der Engel erfahren und lernen, wie du ihre Schwingungen und Botschaften wahrnehmen kannst. Sei bereit, diese himmlische Welt noch tiefer zu entdecken und ihre Kraft in dein Leben einzuladen.

Kapitel 2: Die energetische Ebene der Engel

Das Energiefeld von Engeln verstehen

Hast du dich jemals gefragt, wie Engel wirken, obwohl sie keine physischen Körper wie wir haben? Der Schlüssel liegt in ihrem Energiefeld. Engel sind Wesen reiner Energie, die in einer höheren Schwingung existieren als wir Menschen. Ihr Energiefeld ist nicht nur kraftvoll, sondern auch voller bedingungsloser Liebe und universeller Weisheit. Es ist diese Energie, die wir spüren können, wenn wir uns auf ihre Präsenz einlassen.

Das Energiefeld eines Engels ist grenzenlos. Es kennt weder Raum noch Zeit und kann sich mühelos ausdehnen, um gleichzeitig mit vielen Menschen auf der Welt zu interagieren. Diese Fähigkeit macht Engel zu perfekten Begleitern, da sie immer für dich da sind, egal, wo du dich befindest oder was du gerade erlebst. Ihre Energie kann dich beruhigen, heilen und dir ein Gefühl der Geborgenheit schenken, besonders in Momenten, in denen du sie am meisten brauchst.

Engel kommunizieren nicht in Worten, sondern über Schwingungen. Wenn du plötzlich eine Welle von Frieden, Trost oder Inspiration spürst, könnte das ein Hinweis darauf sein, dass ein Engel in deiner Nähe ist. Ihr Energiefeld kann auch physische Räume positiv beeinflussen und sie mit Licht und Harmonie durchfluten.

Frequenzen und Schwingungen: Die Sprache der Engel

Alles im Universum ist Schwingung – von den kleinsten Atomen bis hin zu den größten Galaxien. Engel existieren in besonders hohen Frequenzen, die unsere physischen Sinne oft nicht wahrnehmen können. Doch mit unserer Intuition und unserem Herzen können wir diese feinen Schwingungen spüren und uns mit ihnen verbinden.

Wie Schwingungen wirken

Stell dir vor, du hörst ein Musikstück, das dich tief berührt. Diese Klänge beeinflussen nicht nur deine Stimmung, sondern können auch deine gesamte Energie verändern. Engel wirken auf ähnliche Weise, jedoch auf einer viel subtileren Ebene. Ihre Schwingungen resonieren mit den feinsten Aspekten deiner Seele und bringen dich in Einklang mit deinem höheren Selbst.

Die Frequenzen der Engel

Jeder Engel trägt eine einzigartige Frequenz, die seine spezifischen Energien und Eigenschaften widerspiegelt. Zum Beispiel schwingt Erzengel Raphael, der Engel der Heilung, in einer Frequenz, die beruhigend und regenerierend wirkt. Erzengel Michael, der Schutzengel, strahlt eine kraftvolle Energie aus, die Mut und Sicherheit vermittelt. Wenn du dich auf diese Frequenzen einstimmst, kannst du ihre Präsenz deutlich spüren und von ihrer Energie profitieren.

Wie du dich mit Engelsschwingungen verbindest

Um die Schwingungen der Engel wahrzunehmen, ist es wichtig, deinen Geist zu beruhigen und dein Herz zu öffnen. Meditation, Gebet und Achtsamkeit sind effektive Werkzeuge, um deinen eigenen Schwingungszustand zu erhöhen und so die Engel besser wahrzunehmen. Es ist wie das Einstellen eines Radiosenders – je klarer deine Frequenz, desto deutlicher empfängst du die Botschaften der Engel.

Engel und das kollektive Bewusstsein

Engel wirken nicht nur individuell, sondern auch auf kollektiver Ebene. Sie sind Teil eines größeren Netzwerks, das alle Lebewesen miteinander verbindet – das kollektive Bewusstsein. Dieses Bewusstsein ist wie ein unsichtbares Energiefeld, das durch unsere Gedanken, Gefühle und Handlungen geprägt wird.

Die Rolle der Engel im kollektiven Bewusstsein

Engel tragen dazu bei, das Gleichgewicht im kollektiven Bewusstsein zu bewahren. In Zeiten globaler Krisen oder Herausforderungen verstärken sie ihre Bemühungen, Frieden, Heilung und Harmonie in die Welt zu bringen. Sie helfen nicht nur einzelnen Menschen, sondern arbeiten daran, die Energie der gesamten Menschheit anzuheben.

Deine Verbindung zum kollektiven Bewusstsein

Wenn du mit Engeln arbeitest, trägst du auch zur Heilung des kollektiven Bewusstseins bei. Jeder positive Gedanke, jede liebevolle Handlung und jede Verbindung zu den Engeln wirkt sich auf das gesamte Energiefeld der Erde aus. Deine persönliche Transformation hat also eine weitreichendere Wirkung, als du dir vielleicht vorstellen kannst.

Gemeinschaftliche Engelsarbeit

In Gruppen oder Gemeinschaften wird die Verbindung zu den Engeln oft noch kraftvoller. Wenn Menschen gemeinsam meditieren, beten oder Rituale durchführen, entsteht eine kollektive Energie, die die Präsenz der Engel verstärkt. Diese gemeinsame Arbeit kann nicht nur die Beteiligten heilen, sondern auch das Energiefeld der Erde positiv beeinflussen.

Praktische Anwendung der Engelsenergie

Die Erkenntnis, dass Engel Energiewesen sind, eröffnet dir viele Möglichkeiten, ihre Präsenz aktiv in deinem Leben zu nutzen. Hier sind einige Ansätze, die du ausprobieren kannst:

1. Räume energetisch reinigen

Bitte die Engel, negative Energien aus deinem Zuhause oder dienem Arbeitsplatz zu entfernen. Stell dir vor, wie ihr Licht den Raum durchflutet und ihn mit Frieden und Harmonie erfüllt. Du kannst Erzengel Michael um Schutz bitten und Erzengel Raphael, um heilende Energien in deinen Raum zu bringen.

2. Deine eigene Schwingung erhöhen

Meditation ist eine der effektivsten Methoden, um deine Schwingung zu erhöhen. Setze dich an einen ruhigen Ort, schließe die Augen und konzentriere dich auf dein Herz. Bitte die Engel, dich mit ihrer Energie zu durchfluten, und spüre, wie dein Körper leichter und klarer wird.

3. Heilung empfangen

Ruf Erzengel Raphael, wenn du körperliche, emotionale oder spirituelle Heilung benötigst. Stell dir vor, wie ein grünes, heilendes Licht deinen Körper umhüllt und jede Zelle deines Körpers mit Vitalität erfüllt. Du kannst diese Visualisierung täglich praktizieren, um dein Wohlbefinden zu steigern.

4. Intuition stärken

Engel kommunizieren oft über Intuition. Achte auf die leisen Botschaften, die in Form von Gedanken, Gefühlen oder Synchronizitäten zu dir kommen. Schreib diese Eindrücke auf und reflektiere über sie – sie könnten wichtige Hinweise auf deinen Weg sein.

5. Schutz und Führung

Wenn du dich in einer schwierigen Situation befindest, bitte die Engel um Schutz und Führung. Erzengel Michael ist besonders hilfreich, wenn du dich unsicher oder ängstlich fühlst. Spüre, wie seine kraftvolle Energie dich umgibt und dir Sicherheit schenkt.

Deine Reise zur energetischen Ebene der Engel

Die energetische Ebene der Engel ist ein faszinierender und heilsamer Aspekt ihrer Präsenz. Sie lädt dich ein, die Liebe, Weisheit und Kraft der Engel in deinem Leben zu spüren. Indem du dich auf ihre Schwingungen einlässt, kannst du nicht nur dein eigenes Energiefeld transformieren, sondern auch einen positiven Beitrag zum kollektiven Bewusstsein leisten.

Im nächsten Kapitel wirst du lernen, wie du eine direkte Verbindung zu den Engeln aufbaust. Du wirst entdecken, wie du deinen inneren Raum der Stille findest, Zeichen der Engel erkennst und deine erste bewusste Begegnung mit deinem Schutzengel erlebst. Bist du bereit, diese himmlische Reise fortzusetzen? Die Engel warten bereits auf dich.

Kapitel 3: Die Verbindung aufnehmen

Vorbereitung: Dein innerer Raum der Stille

Die Verbindung zu den Engeln beginnt in deinem Inneren. Dein Geist und dein Herz sind die Schlüssel, um ihre Präsenz wahrzunehmen. Oft jedoch ist unser Alltag voller Ablenkungen und Lärm, was es schwierig macht, die feinen Botschaften der Engel zu hören. Deshalb ist es essenziell, einen inneren Raum der Stille zu schaffen – einen Ort in dir, an dem du dich sammeln und für die Engel öffnen kannst.

Den Raum in dir schaffen

Ein innerer Raum der Stille ist kein physischer Ort, sondern ein Zustand deines Geistes und Herzens. Setze dich an einen ruhigen Platz, schließe die Augen und atme tief ein und aus. Stell dir vor, wie sich mit jedem Atemzug Ruhe in deinem Körper ausbreitet. Visualisiere einen friedvollen Ort, der für dich Sicherheit und Geborgenheit ausstrahlt – ein Garten, ein Tempel oder vielleicht ein Raum voller Licht. Dieser imaginäre Ort wird dein inneres Heiligtum, ein Ort, an dem du dich mit den Engeln verbinden kannst.

Die Kraft der Absicht

Die Engel sind immer da, doch sie greifen niemals in deinen freien Willen ein. Wenn du dich mit ihnen verbinden möchtest, formuliere deine Absicht klar. Sprich leise oder in Gedanken: „Ich öffne mich für die Präsenz der Engel. Ich lade euch ein, mich zu führen und zu unterstützen." Diese bewusste Einladung ist wie ein Signal, das die Engel direkt zu dir bringt.

Rituale zur Vorbereitung

Manche Menschen finden es hilfreich, ein kleines Ritual durchzuführen, um die Verbindung zu den Engeln zu erleichtern. Zünde eine Kerze an, lege eine Feder oder einen Kristall neben dich, oder spiele sanfte Musik, die dich entspannt. Diese kleinen Handlungen schaffen eine Atmosphäre, die dich in die richtige Stimmung versetzt.

Meditationstechniken für den Engelskontakt

Meditation ist ein mächtiges Werkzeug, um die Schwingungen deines Geistes zu beruhigen und dich für die feinen Energien der Engel zu öffnen. Mit den folgenden Techniken kannst du lernen, ihre Präsenz deutlicher wahrzunehmen:

1. Die Herzlicht-Meditation

Diese Technik hilft dir, dein Herz zu öffnen – der Schlüssel, um Engel wahrzunehmen.

1. Setze dich bequem hin und schließe die Augen. Atme tief ein und aus.

2. Stell dir vor, dass in deinem Herzen ein kleines Licht leuchtet. Mit jedem Atemzug wird dieses Licht größer und heller.

3. Dieses Licht breitet sich in deinem ganzen Körper aus, bis es dich vollständig umhüllt.

4. Lade die Engel ein, in dieses Licht zu treten, und spüre, wie ihre Präsenz dich erfüllt.

2. Die Atem-Meditation

Der Atem ist eine Brücke zwischen deinem Körper und deiner Seele.

1. Atme tief ein und stell dir vor, dass du goldenes Licht ein-atmest.

2. Dieses Licht durchströmt deinen Körper, bringt Frieden und Ruhe.

3. Beim Ausatmen lässt du alle Spannungen und Sorgen los.

4. Bitte die Engel, während du atmest, dir nahe zu sein und ihre Botschaften zu übermitteln.

3. Die Visualisierungs-Meditation

Engel kommunizieren oft über Bilder und Symbole.

1. Schließe die Augen und stell dir vor, du befindest dich in einem wunderschönen Garten.

2. In der Mitte des Gartens steht ein Engel und wartet auf dich.

3. Nimm dir Zeit, sein Aussehen und seine Energie wahrzunehmen.

4. Sprich mit ihm, stelle Fragen oder bitte um Führung. Lass die Botschaften auf dich wirken.

Zeichen erkennen: So kommunizieren Engel mit dir

Engel senden uns ständig Zeichen, um uns zu zeigen, dass sie bei uns sind. Oft jedoch übersehen wir diese Hinweise, weil wir nicht wissen, worauf wir achten sollen. Hier sind einige der häufigsten Zeichen, die Engel verwenden, um mit dir zu kommunizieren:

Häufige Zeichen der Engel

1. **Federn:** Eine Feder zu finden, besonders an unerwarteten Orten, ist eines der klarsten Zeichen der Engel. Sie symbolisiert ihre Nähe und ihren Schutz.

2. **Lichter und Farben:** Engel manifestieren sich oft als Lichtblitze, schimmernde Farben oder ein unerklärliches Leuchten in deinem Sichtfeld.

3. **Wiederholte Zahlenfolgen:** Zahlen wie 111, 222 oder 444 tragen spezifische Botschaften der Engel. Jede Zahl hat eine spirituelle Bedeutung, die dir Hinweise auf deinen Lebensweg geben kann.

4. **Synchronicitäten:** „Zufälle", die zu perfekt scheinen, um wirklich Zufall zu sein, sind oft ein Weg der Engel, dir zu zeigen, dass du auf dem richtigen Weg bist.

5. **Gefühle und Intuition:** Ein plötzlicher Frieden, Freude oder ein warmes Gefühl im Herzen sind oft Zeichen der Engel, dass sie bei dir sind.

Wie du die Zeichen wahrnimmst

Achtsamkeit ist der Schlüssel, um die Zeichen der Engel zu erkennen. Beginne jeden Tag mit der Bitte, dass die Engel dir klare Zeichen schicken, und sei offen, sie zu empfangen. Führe ein Tagebuch, in dem du alle bemerkenswerten Erlebnisse festhältst – seien es Federn, Zahlenfolgen oder Synchronizitäten.

Übungen: Die erste bewusste Begegnung mit deinem Schutzengel

Dein Schutzengel ist immer an deiner Seite, bereit, mit dir zu kommunizieren. Hier sind einige Übungen, die dir helfen können, diese Verbindung bewusst herzustellen:

1. Schreibe einen Brief an deinen Schutzengel

Setze dich hin und schreibe deinem Schutzengel einen Brief. Erzähle ihm von deinen Sorgen, Wünschen oder Fragen. Bitte ihn, dir durch Zeichen oder Träume zu antworten. Bewahre diesen Brief auf und halte Ausschau nach den Antworten, die dir gegeben werden.

2. Stelle eine klare Frage

Nimm dir einen Moment der Ruhe, schließe die Augen und stelle deinem Schutzengel eine klare Frage, zum Beispiel: „Was soll ich über diese Herausforderung wissen?" Warte geduldig und achte auf Gedanken, Gefühle oder Bilder, die in dir aufsteigen.

3. Visualisiere eine Begegnung

Stell dir vor, du befindest dich an einem friedlichen Ort – einem Wald, einer Wiese oder einem Raum voller Licht. Lade deinen Schutzengel ein, sich dir zu zeigen. Beobachte seine Gestalt, seine Energie und die Gefühle, die in dir aufsteigen. Sprich mit ihm und lausche auf seine Antworten.

4. Meditiere mit einem Symbol

Wähle ein Symbol, das für dich mit Engeln verbunden ist – eine Feder, ein Licht oder eine spezielle Farbe. Halte dieses Symbol in Gedanken und bitte deinen Schutzengel, dir seine Botschaft durch dieses Symbol zu übermitteln. Achte darauf, welche Eindrücke oder Emotionen du wahrnimmst.

Die Bedeutung der ersten Begegnung

Die bewusste Begegnung mit deinem Schutzengel ist eine zutiefst persönliche und transformierende Erfahrung. Sie öffnet dein Herz und gibt dir das Vertrauen, dass du niemals allein bist. Engel sind immer bei dir, bereit, dir zu helfen, dich zu führen und dich zu trösten. Es braucht vielleicht ein wenig Geduld und Übung, aber die Engel warten voller Liebe darauf, dass du ihre Präsenz wahrnimmst.

Im nächsten Kapitel wirst du lernen, wie du die Verbindung zu den Engeln weiter vertiefen kannst. Du wirst entdecken, wie Visualisierungen, Chakrenarbeit und Affirmationen dir helfen können, die Präsenz der Engel noch intensiver in deinem Leben zu spüren. Deine Reise hat gerade erst begonnen, und die Engel begleiten dich auf jedem Schritt.

Kapitel 4: Techniken zur Vertiefung des Kontakts

Visualisierungsmethoden: Deine Brücke zur Engelswelt

Die Kunst der Visualisierung ist eine der kraftvollsten Methoden, um die Verbindung zu den Engeln zu vertiefen. Visualisierungen helfen dir, deine Vorstellungskraft und dein energetisches System zu aktivieren, sodass du die feinen Schwingungen der Engel spüren kannst. Mit der Zeit wird diese Praxis dir helfen, die Präsenz der Engel in deinem Leben immer deutlicher wahrzunehmen.

1. Die goldene Lichtsäule – Dein persönlicher Kanal zur Engelwelt

Diese Methode schafft einen klaren Kanal zur göttlichen Energie und verbindet dich direkt mit der Engelwelt.

1. **Ruhige Umgebung schaffen:** Suche dir einen ruhigen Ort, an dem du ungestört bist. Schalte elektronische Geräte aus und sorge dafür, dass du dich wohlfühlst.

2. **Entspannung durch Atmung:** Schließe die Augen und atme tief ein. Konzentriere dich auf deinen Atem und stelle dir vor, dass jeder Atemzug Frieden und Licht in deinen Körper bringt.

3. **Visualisiere das goldene Licht:** Stelle dir einen strahlenden goldenen Lichtstrahl vor, der aus dem Himmel direkt

zu dir hinunterfließt. Dieses Licht durchdringt deinen Scheitelpunkt und fließt durch deinen ganzen Körper.

4. **Klärung und Schutz:** Spüre, wie das Licht jede Zelle deines Körpers reinigt und dir ein Gefühl von Sicherheit und Klarheit gibt. Das Licht bildet eine schützende Säule um dich.

5. **Einladung an die Engel:** Sage in Gedanken oder laut: „Ich lade die Engel ein, mit mir zu sprechen und mich zu führen." Warte auf subtile Botschaften, die in Form von Bildern, Gefühlen oder Gedanken zu dir kommen.

2. Der Engelsgarten – Dein heiliger Rückzugsort

Der Engelsgarten ist ein imaginärer Ort, an dem du die Engel treffen und mit ihnen kommunizieren kannst. Diese Übung fördert deine innere Ruhe und stärkt deine Verbindung zur Engelwelt.

1. **Erschaffung des Gartens:** Schließe die Augen und stelle dir vor, dass du durch ein prachtvolles Tor gehst, das zu einem wunderschönen Garten führt. Der Garten ist voller farbenfroher Blumen, sanfter Düfte und beruhigender Klänge.

2. **Begegnung mit deinem Engel:** In der Mitte des Gartens wartet ein Engel auf dich. Nimm dir Zeit, seine Erscheinung wahrzunehmen. Ist er groß oder klein? Welche Farben strahlt er aus?

3. **Kommunikation:** Setze dich in die Nähe des Engels und stelle ihm Fragen, die dir auf der Seele brennen. Warte geduldig auf seine Antworten, die oft als Gefühle, Gedanken oder innere Bilder erscheinen.

4. **Dankbarkeit zeigen:** Bedanke dich bei deinem Engel für die Begegnung und verlasse den Garten bewusst. Du kannst jederzeit zurückkehren.

3. Der Lichtkreis der Engel – Gemeinsame Energie spüren

Diese Übung hilft dir, die kollektive Energie der Engel zu erleben und dich von ihrer Harmonie und Liebe durchfluten zu lassen.

1. **Visualisiere den Kreis:** Stelle dir vor, dass du in der Mitte eines Kreises sitzt. Um dich herum stehen Engel, die dich mit ihren leuchtenden Energien umgeben.

2. **Verbindung spüren:** Spüre, wie die Energien der Engel miteinander verschmelzen und dich in eine Aura aus Frieden, Liebe und Schutz einhüllen.

3. **Empfange Botschaften:** Bitte die Engel, dir eine Botschaft zu übermitteln. Nimm dir Zeit, um diese Botschaften in deinem Herzen zu fühlen.

4. **Integration:** Am Ende der Übung bedanke dich bei jedem Engel und nimm das Gefühl von Frieden und Schutz mit in deinen Alltag.

Chakrenarbeit zur Harmonisierung und Öffnung für Engel

Deine Chakren sind wie Tore, durch die du die Schwingungen der Engel empfangen kannst. Die Reinigung und Harmonisierung deiner Chakren ist entscheidend, um eine klare Verbindung zur Engelwelt herzustellen.

1. Das Herzchakra – Die Brücke zur Engelswelt

Das Herzchakra ist das Zentrum der Liebe und der Verbindung zu den Engeln.

1. **Aktivierung durch Atem:** Lege deine Hände sanft auf dein Herz und atme tief ein. Stelle dir vor, wie ein grünes oder rosafarbenes Licht in deinem Herzen leuchtet.

2. **Heilung durch Licht:** Mit jedem Atemzug wird dieses Licht stärker und breitet sich in deinem ganzen Körper aus. Spüre, wie es alte Wunden heilt und dich für die Botschaften der Engel öffnet.

3. **Engel einladen:** Bitte die Engel, dir dabei zu helfen, dein Herz vollständig zu öffnen und Liebe in deinem Leben zu verankern.

2. Das Kronenchakra – Dein Zugang zur göttlichen Quelle

Das Kronenchakra ist das energetische Tor zur göttlichen Weisheit und den Engelsdimensionen.

1. **Reinigung durch Licht:** Stelle dir ein weißes, strahlendes Licht vor, das durch deinen Scheitelpunkt in deinen Körper fließt und alle Blockaden auflöst.

2. **Verbindung herstellen:** Spüre, wie dieses Licht dein Kronenchakra öffnet und dich mit der göttlichen Energie verbindet.

3. **Botschaften empfangen:** In diesem Zustand bist du besonders empfänglich für intuitive Eingebungen und Botschaften der Engel.

3. Das Kehlchakra – Ausdruck der Engelsbotschaften

Das Kehlchakra unterstützt dich dabei, die Botschaften der Engel klar auszudrücken.

1. **Aktivierung durch Klang:** Summe oder singe einen Ton, der sich für dich angenehm anfühlt. Spüre, wie dieser Klang dein Kehlchakra aktiviert.

2. **Visualisiere blaues Licht:** Stelle dir ein leuchtendes blaues Licht vor, das sich sanft um deinen Hals legt und alle Blockaden löst.

3. **Engel um Hilfe bitten:** Bitte die Engel, dir zu helfen, ihre Botschaften mit Leichtigkeit und Vertrauen auszudrücken.

Affirmationen und Gebete für eine klare Verbindung

Affirmationen und Gebete sind kraftvolle Werkzeuge, um deine Absicht zu fokussieren und deine Verbindung zur Engelwelt zu stärken. Sie helfen dir, deinen Geist auf die himmlischen Energien auszurichten.

Beispiele für Affirmationen

1. „Ich öffne mein Herz für die Liebe und Führung der Engel."

2. „Die Engel begleiten mich mit Weisheit und Schutz."

3. „Ich empfange klare und liebevolle Botschaften der Engel."

4. „Ich bin umgeben von göttlichem Licht und Harmonie."

Gebete für spezifische Anliegen

1. **Gebet um Schutz:** „Erzengel Michael, umhülle mich mit deinem Licht und halte alle negativen Energien von mir fern. Ich danke dir für deinen Schutz."

2. **Gebet um Heilung:** „Erzengel Raphael, erfülle mich mit deiner heilenden Energie. Reinige meinen Körper, meinen Geist und meine Seele."

3. **Gebet um Führung:** „Geliebte Engel, zeigt mir den Weg, der für mein höchstes Wohl bestimmt ist. Führt mich mit Liebe und Klarheit."

Trancezustände nutzen, um Engelsbotschaften zu empfangen

Trancezustände ermöglichen es dir, tiefer in dein Bewusstsein einzutauchen und die Schwingungen der Engel deutlicher wahrzunehmen. In diesem Zustand bist du empfänglich für Botschaften, die auf subtilen Ebenen zu dir gelangen.

1. Vorbereitung auf die Trance

1. Setze dich an einen ruhigen Ort und schließe die Augen.
2. Atme langsam und gleichmäßig, bis du dich vollkommen entspannt fühlst.
3. Stelle dir vor, dass du auf einer Wolke schwebst, leicht und frei von allen Sorgen.

2. Trance durch Klang vertiefen

Wähle sanfte Musik oder Naturklänge, die dich entspannen. Lasse die Klänge in deinen Körper und Geist fließen, während du dich immer tiefer entspannst.

3. Botschaften empfangen

In der Trance kannst du die Engel bitten, dir klare Botschaften zu senden. Achte auf Gedanken, Bilder oder Gefühle, die in dir aufsteigen. Schreibe diese Eindrücke nach der Trance sofort auf.

Die Techniken in diesem Kapitel sind mächtige Werkzeuge, um deine Verbindung zu den Engeln zu stärken. Indem du sie regelmäßig praktizierst, wirst du die Engel nicht nur spüren, sondern auch lernen, ihre Botschaften in deinem Leben umzusetzen. Im nächsten Kapitel wirst du erfahren, wie du die Sprache der Engel entschlüsseln kannst, um ihre Botschaften noch klarer zu verstehen.

Kapitel 5: Die Sprache der Engel entschlüsseln

Einführung in die Sprache der Engel

Die Engel sprechen eine Sprache, die jenseits von Wörtern existiert. Es ist eine universelle Kommunikation, die über Symbole, Schwingungen, Bilder, Gefühle und intuitive Eingebungen erfolgt. Diese Sprache erreicht uns auf einer tiefen, seelischen Ebene und fordert von uns Achtsamkeit und Offenheit. In diesem Kapitel wirst du lernen, die subtilen Zeichen der Engel wahrzunehmen, zu interpretieren und in deinem Leben zu integrieren.

Symbole und ihre Bedeutung

Symbole sind ein Schlüssel, den die Engel häufig verwenden, um ihre Botschaften zu übermitteln. Sie tauchen in Träumen, Meditationen und auch im Alltag auf und enthalten oft tiefere Bedeutungen, die dir Orientierung und Trost spenden.

Die häufigsten Engelsymbole und ihre Botschaften

1. **Federn:** Eine der bekanntesten Botschaften der Engel. Federn symbolisieren Schutz, göttliche Präsenz und Führung. Die Farbe der Feder kann eine zusätzliche Bedeutung haben:

   o **Weiße Federn:** Reinheit, Frieden und göttliche Führung.

- o **Graue Federn:** Balance zwischen zwei Zuständen.

- o **Bunte Federn:** Kreativität, Freude und Unterstützung.

2. **Licht und Farben:** Lichtphänomene wie schimmernde Farben, Blitze oder goldene Strahlen sind Zeichen der Nähe von Engeln. Verschiedene Farben haben unterschiedliche Bedeutungen:

   - o **Blau:** Schutz und Kommunikation (oft verbunden mit Erzengel Michael).

   - o **Grün:** Heilung und Erneuerung (symbolisiert Erzengel Raphael).

   - o **Gold:** Göttliches Licht und Weisheit.

3. **Zahlenfolgen:** Wiederholte Zahlenfolgen wie 111, 222 oder 444 sind codierte Botschaften der Engel:

   - o **111:** Neuanfänge, Manifestation und Fokus auf deine Gedanken.

   - o **222:** Vertrauen, Balance und Geduld.

   - o **444:** Schutz und die Bestätigung, dass Engel in deiner Nähe sind.

4. **Schmetterlinge:** Diese symbolisieren Transformation, Hoffnung und spirituelles Wachstum. Sie tauchen oft auf, wenn du dich in einem Wandlungsprozess befindest.

5. **Blumen:** Rosen stehen für Liebe und Hingabe, Lilien für spirituelle Reinheit, und Sonnenblumen symbolisieren Freude und Energie.

Wie du Symbole entschlüsselst

1. **Achtsamkeit üben:** Halte im Alltag Ausschau nach Symbolen. Oft erscheinen sie in Momenten, in denen du es am wenigsten erwartest.

2. **Intuitiv deuten:** Dein erster Eindruck ist oft der richtige. Was fühlst du, wenn du das Symbol wahrnimmst?

3. **Tagebuch führen:** Schreibe alle Symbole auf, die dir begegnen, und reflektiere über ihre Bedeutung. Mit der Zeit wirst du Muster erkennen.

4. **Meditation zur Symboldeutung:** Setze dich mit geschlossenen Augen an einen ruhigen Ort, denke an das Symbol und bitte die Engel, dir seine Bedeutung zu zeigen.

Intuition als Schlüssel zur Engelsprache

Die Intuition ist dein direktes Tor zur Engelwelt. Sie ist das Werkzeug, mit dem du die subtilen Botschaften und Energien der

Engel wahrnehmen kannst. Je mehr du auf deine innere Stimme hörst, desto klarer werden die Botschaften.

Wie du deine Intuition stärkst

1. **Meditation:** Regelmäßige Meditation beruhigt deinen Geist und öffnet dich für intuitive Eingebungen.

2. **Verbindung mit der Natur:** Spaziergänge in der Natur helfen dir, dich zu erden und empfänglicher für Engelsbotschaften zu werden.

3. **Selbstvertrauen entwickeln:** Lerne, deiner Intuition zu vertrauen, auch wenn sie manchmal unlogisch erscheint.

Praktische Übungen zur Intuitionsförderung

1. **Das innere Pendel:** Schließe die Augen und stelle dir eine Frage. Achte darauf, welches Gefühl oder Bild in dir aufsteigt. Dieses erste intuitive Empfinden ist oft die Antwort.

2. **Tägliche Reflexion:** Nimm dir am Ende jedes Tages Zeit, um über Momente nachzudenken, in denen du intuitiv gehandelt hast. Welche Ergebnisse haben sich gezeigt?

3. **Intuitive Kunst:** Male oder zeichne ohne nachzudenken. Lass deine Intuition den Stift führen. Oft offenbaren sich in diesen Bildern Botschaften der Engel.

4. **Intuitives Schreiben:** Schreibe deine Gedanken frei nieder, ohne darüber nachzudenken. Viele Engelbotschaften kommen durch diese Methode ans Licht.

Der Einsatz von Engelkarten und Orakeln

Engelkarten sind ein kraftvolles Werkzeug, um klare Botschaften von den Engeln zu empfangen. Sie ermöglichen es dir, die Engel um Rat zu fragen und ihre Antworten in Form von Bildern und Texten zu erhalten.

Wie du Engelkarten richtig verwendest

1. **Vorbereitung:** Reinige dein Kartenset vor der ersten Nutzung, zum Beispiel mit weißem Salbei oder durch ein Gebet.

2. **Zentrierung:** Setze dich an einen ruhigen Ort und konzentriere dich auf deine Atmung. Bitte die Engel um klare Führung.

3. **Karten ziehen:** Stelle eine präzise Frage, mische die Karten und ziehe intuitiv eine Karte. Vertraue darauf, dass diese Karte die Antwort enthält.

4. **Deutung:** Lies die Botschaft der Karte und achte darauf, welche Gedanken, Bilder oder Gefühle sie in dir auslöst.

5. **Notiere deine Deutungen:** Schreibe jede Botschaft auf, auch wenn sie zunächst keinen Sinn ergibt. Viele Einsichten entstehen durch späteres Reflektieren.

Orakel für den Alltag

1. **Tageskarte:** Ziehe jeden Morgen eine Karte, um eine Orientierung für den Tag zu erhalten.

2. **Entscheidungsfindung:** Nutze die Karten, um Klarheit in schwierigen Situationen zu finden.

3. **Meditation mit der Karte:** Halte die gezogene Karte während einer Meditation vor dich und bitte die Engel, die Botschaft zu vertiefen.

Engelkarten als Gruppenaktivität

Organisiere Treffen mit Gleichgesinnten, bei denen ihr gemeinsam Engelkarten legt. Diese kollektive Energie kann die Botschaften noch kraftvoller machen.

Botschaften in Träumen und Visionen

Träume sind ein weiterer Kanal, durch den Engel mit dir kommunizieren können. Während des Schlafs ist dein Geist entspannt und offen für die feinen Schwingungen der Engel.

Engelbotschaften in Träumen erkennen

1. **Klarheit der Symbole:** Engel erscheinen oft in Form von Licht, Flügeln oder heiligen Orten.

2. **Emotionale Intensität:** Träume, die von Engeln inspiriert sind, hinterlassen oft ein Gefühl von Frieden und Liebe.

3. **Direkte Kommunikation:** Manchmal sprechen Engel in deinen Träumen direkt zu dir. Diese Botschaften sind oft besonders einprägsam.

Wie du Engelsbotschaften im Traum empfängst

1. **Intention setzen:** Bitte die Engel vor dem Schlafengehen, dir klare Botschaften zu senden.

2. **Traumtagebuch führen:** Notiere direkt nach dem Aufwachen alle Details deines Traums.

3. **Symbole analysieren:** Reflektiere über die Symbole und Gefühle deines Traums. Was könnten sie bedeuten?

Techniken zur Traumerinnerung

1. **Abendritual:** Visualisiere vor dem Schlafengehen einen lichten Engel, der dir Botschaften bringt.

2. **Wiederholung:** Wiederhole beim Einschlafen leise die Bitte, dass du dich an deine Träume erinnerst.

Visionen im Wachzustand

Engel können auch durch Visionen zu dir sprechen, die im Wach-zustand auftreten. Diese Visionen sind oft intensiv und klar, wie ein kurzer Einblick in eine andere Realität.

Wie Visionen entstehen

1. **Meditativer Zustand:** Visionen treten oft während tiefer Meditationen oder Gebete auf.

2. **Spontane Eingebung:** Manchmal erscheint eine Vision plötzlich und unerwartet, wie ein kurzer Film vor deinem inneren Auge.

3. **Gefühl der Gewissheit:** Eine Vision wird oft von einem tiefen Gefühl der Gewissheit begleitet, dass sie eine Botschaft der Engel enthält.

Umgang mit Visionen

1. **Notieren:** Schreibe alles auf, was du gesehen oder ge-fühlt hast. Selbst kleine Details können später wichtig werden.

2. **Reflektieren:** Überlege, welche Verbindung die Vision zu deiner aktuellen Lebenssituation haben könnte.

3. **Engel um Klärung bitten:** Wenn eine Vision unklar ist, bitte die Engel um weitere Hinweise.

Deine Reise mit der Sprache der Engel

Die Sprache der Engel zu verstehen, ist ein Prozess, der Geduld und Hingabe erfordert. Je mehr du dich öffnest, desto deutlicher werden ihre Botschaften. Mit der Zeit wirst du lernen, ihre Zeichen und Symbole in deinem Alltag zu erkennen und zu deuten. Diese Verbindung zu den Engeln wird dir Trost, Klarheit und Inspiration bringen.

Im nächsten Kapitel wirst du entdecken, wie du die Engelsenergie aktiv in deinem Leben nutzen kannst, um Heilung, Schutz und Klarheit zu erfahren. Deine Reise mit den Engeln hat gerade erst begonnen – öffne dein Herz und lausche ihrer himmlischen Stimme.

Kapitel 6: Praktische Methoden zur Manifestation von Engelsenergie

Einführung in die Engelsenergie

Engelsenergie ist eine kraftvolle, heilende Kraft, die uns auf unserem Lebensweg begleitet. Sie ist nicht nur eine Quelle von Trost und Inspiration, sondern kann auch aktiv genutzt werden, um Heilung, Schutz und Klarheit zu manifestieren. In diesem Kapitel erfährst du, wie du diese himmlische Energie in deinem Alltag anwendest, um deine Verbindung zu den Engeln zu vertiefen und ihre Unterstützung zu spüren.

Schutz und Heilung mit der Kraft der Engel

Die Engel sind mächtige Helfer, wenn es darum geht, negative Energien abzuwehren und Heilung auf allen Ebenen zu fördern. Ihre Energie wirkt reinigend, stärkend und ausgleichend.

1. Schutzrituale mit Erzengel Michael

Erzengel Michael ist bekannt als der Beschützer und Wächter. Sein blaues Licht steht für Kraft und Schutz.

1. **Visualisiere den Schutzschild:** Schließe die Augen und stelle dir vor, dass Erzengel Michael ein schützendes,

blaues Licht um dich herum aufbaut. Dieses Licht wirkt wie ein Schild, der alle negativen Energien abwehrt.

2. **Sprich ein Schutzgebet:** „Geliebter Erzengel Michael, umhülle mich mit deinem Licht. Schütze mich vor allen negativen Energien und führe mich auf meinem Weg."

3. **Nutze eine Schutzaffirmation:** „Ich bin sicher, ich bin geschützt, ich bin geführt."

4. **Schwert der Wahrheit:** Visualisiere ein leuchtendes Schwert in Michaels Hand, dass alle negativen Schnüre oder Verbindungen, die dich blockieren, durchtrennt. Spüre die Freiheit und Leichtigkeit, die sich in dir ausbreiten.

2. Heilrituale mit Erzengel Raphael

Erzengel Raphael steht für Heilung und Erneuerung. Seine grüne Energie bringt Balance und Frieden.

1. **Grünes Licht der Heilung:** Lege deine Hände auf den Bereich deines Körpers, der Heilung benötigt, und stelle dir vor, wie grünes Licht von Erzengel Raphael in diesen Bereich fließt.

2. **Meditation zur Heilung:** Visualisiere einen heilenden Garten, in dem Erzengel Raphael dich einlädt, dich zu entspannen und zu regenerieren. Stelle dir vor, wie du in einem warmen, heilenden Fluss badest, der alle Spannungen löst.

3. **Heilgebet:** „Erzengel Raphael, erfülle meinen Körper, meinen Geist und meine Seele mit deinem heilenden Licht."

4. **Kristalle für Raphael:** Halte einen grünen Aventurin oder Smaragd während des Rituals in der Hand, um die Verbindung zu seiner Energie zu verstärken.

Rituale und Zeremonien für Engelsbeistand

Rituale und Zeremonien sind kraftvolle Methoden, um die Energie der Engel bewusst in dein Leben einzuladen. Sie schaffen einen heiligen Raum, in dem du dich mit der Engelwelt verbindest.

1. Das Abendritual der Dankbarkeit

Ein tägliches Ritual der Dankbarkeit stärkt deine Verbindung zu den Engeln und öffnet dich für ihre Botschaften.

1. **Ruhiger Raum:** Suche dir einen Ort, an dem du ungestört bist. Zünde eine Kerze an, die ein Symbol für das Licht der Engel ist.

2. **Reflexion:** Denke über den Tag nach und sprich laut oder leise deine Dankbarkeit aus, z. B.: „Ich danke den Engeln für ihre Führung und ihren Schutz."

3. **Botschaften empfangen:** Schließe die Augen und öffne dich für intuitive Eindrücke oder Bilder, die dir die Engel senden.

4. **Engelsjournal:** Schreibe deine Dankbarkeitsmomente und empfangenen Botschaften in ein spezielles Journal.

2. Neumondritual zur Manifestation

Der Neumond ist eine ideale Zeit, um neue Wünsche und Ziele zu manifestieren. Die Engel unterstützen dich dabei, deine Absichten klar zu setzen.

1. **Intention formulieren:** Schreibe deine Wünsche und Ziele auf ein Blatt Papier. Halte die Formulierungen positiv und im Präsens, z. B.: „Ich lebe in Harmonie und Freude."

2. **Engel einladen:** Bitte die Engel, dich bei der Manifestation zu unterstützen. Visualisiere ihre Energie, die deine Wünsche stärkt.

3. **Verbrenne das Papier:** Übergebe deine Wünsche symbolisch an das Universum, indem du das Papier in einer feuerfesten Schale verbrennst. Spüre, wie der Rauch deine Wünsche emporträgt.

4. **Abschluss:** Bedanke dich bei den Engeln für ihre Unterstützung und schließe das Ritual mit einem Gebet ab.

3. Vollmondritual zur Reinigung

Der Vollmond ist eine Zeit der Reinigung und des Loslassens. Mit der Unterstützung der Engel kannst du alte Energien loslassen.

1. **Visualisiere Reinigung:** Stelle dir vor, wie das Licht des Vollmonds deinen Körper und Geist reinigt. Du kannst dir vorstellen, wie ein silberner Regen auf dich niedergeht und alles Negative fortspült.

2. **Engel um Hilfe bitten:** Sage: „Geliebte Engel, helft mir, alles loszulassen, was mir nicht mehr dient."

3. **Dankbarkeit zeigen:** Schließe das Ritual mit einem Gebet der Dankbarkeit ab. Schreibe auf, was du losgelassen hast, und verbrenne den Zettel, um den Prozess abzuschließen.

Die energetische Reinigung von Räumen mit Engelsenergie

Räume speichern Energien, und manchmal kann es notwendig sein, diese Energien zu reinigen, um Harmonie und Frieden zu schaffen. Die Engel helfen dir dabei, Räume energetisch zu klären.

1. Vorbereitung der Reinigung

1. **Kerzen und Räucherwerk:** Verwende weißes Salbei, Palo Santo oder ätherische Öle, um den Raum zu reinigen.

2. **Engel einladen:** Bitte die Engel, dir bei der Reinigung zu helfen, z. B. Erzengel Michael für Schutz und Erzengel Raphael für Heilung.

3. **Kristalle platzieren:** Stelle Schutzsteine wie schwarzen Turmalin oder Bergkristall in die Ecken des Raumes.

2. Reinigungsritual

1. **Räume abgehen:** Gehe durch jeden Raum und stelle dir vor, wie weißes Licht den Raum füllt und alle negativen Energien auflöst.

2. **Affirmation:** Sprich: „Dieser Raum ist erfüllt mit göttlichem Licht und Liebe. Nur positive Energien dürfen hier verweilen."

3. **Klänge verwenden:** Nutze Klangschalen oder eine Glocke, um die Energie im Raum zu reinigen und zu harmonisieren.

3. Nach der Reinigung

1. **Dankbarkeit:** Bedanke dich bei den Engeln für ihre Unterstützung.

2. **Schutzschild setzen:** Visualisiere ein Licht, das den Raum umgibt und vor negativer Energie schützt.

3. **Engelsymbol platzieren:** Hänge ein Engelsymbol oder einen Kristall auf, um die Energie zu stabilisieren.

Unterstützung bei Entscheidungen: Mit Engeln Klarheit gewinnen

Die Engel sind wunderbare Ratgeber, wenn es darum geht, schwierige Entscheidungen zu treffen. Sie helfen dir, Klarheit zu finden und deine innere Wahrheit zu erkennen.

1. Die Frage klären

Formuliere deine Frage so klar und präzise wie möglich, z. B.: „Was ist der beste Weg für mich in dieser Situation?"

2. Meditation für Klarheit

1. **Ruhiger Ort:** Setze dich an einen ruhigen Ort, schließe die Augen und atme tief ein.

2. **Engel einladen:** Bitte die Engel, dir klare Hinweise zu geben.

3. **Botschaften empfangen:** Achte auf Bilder, Gedanken oder Gefühle, die während der Meditation auftauchen.

3. Entscheidung mit Engelkarten

Ziehe eine Karte, die dir Orientierung gibt. Lies die Botschaft der Karte und reflektiere, wie sie sich auf deine Frage bezieht.

4. Zeichen im Alltag erkennen

Nach der Meditation oder dem Ritual achte auf Zeichen im Alltag, wie wiederkehrende Symbole, Gespräche oder intuitive Eingebungen. Die Engel senden oft subtile Hinweise, die dir den Weg weisen.

Deine Reise mit der Engelsenergie

Die praktische Anwendung der Engelsenergie in deinem Leben kann dir helfen, Heilung, Schutz und Klarheit zu erfahren. Indem du die Rituale und Methoden in diesem Kapitel regelmäßig praktizierst, wirst du spüren, wie die Engel dich in deinem Alltag begleiten und unterstützen. Im nächsten Kapitel wirst du entdecken, wie du die Engelsenergie noch tiefer in deinen Alltag integrieren kannst, um eine harmonische Verbindung zwischen Spiritualität und Realität zu schaffen.

Kapitel 7: Realistische Schritte zur Materialisierung

Einführung in die Materialisierung mit Engelsenergie

Engelsenergie ist nicht nur eine Quelle von Trost und Heilung, sondern auch eine kraftvolle Unterstützung bei der Verwirklichung deiner Träume und Wünsche. Materialisierung im Kontext von Engelsenergie bedeutet, dass du die Kraft der Engel und deines eigenen Bewusstseins nutzt, um deine inneren Visionen in die Realität zu bringen. Dieses Kapitel führt dich durch die Schritte, wie du mit Unterstützung der Engel Energie bündelst und Ergebnisse in der physischen Welt manifestierst.

Was bedeutet Materialisierung?

Materialisierung ist der Prozess, bei dem Gedanken, Wünsche und Absichten in die physische Realität umgesetzt werden. Engel wirken in diesem Prozess als Vermittler zwischen der spirituellen und der materiellen Welt. Sie helfen dir:

- Klarheit über deine Wünsche zu gewinnen.

- Blockaden aufzulösen, die dich an der Verwirklichung hindern.

- Die richtige Energie für die Manifestation zu bündeln.

Die Rolle der Engel in der Materialisierung

1. **Klarheit schaffen:** Engel helfen dir, deine Absichten zu präzisieren und auf das Wesentliche zu fokussieren.

2. **Blockaden lösen:** Sie unterstützen dich dabei, Ängste, Zweifel oder negative Glaubenssätze aufzulösen.

3. **Energie lenken:** Engel verstärken deine positiven Schwingungen und leiten diese in die richtige Richtung.

Techniken der Energiebündelung

Um erfolgreich zu manifestieren, ist es wichtig, deine Energie auf ein klares Ziel zu fokussieren. Hier sind einige Techniken, die dir dabei helfen:

1. Die Visualisierungsmethode

1. **Ruhiger Ort:** Finde einen ruhigen Ort, an dem du ungestört bist.

2. **Bild der Erfüllung:** Schließe die Augen und stelle dir dein Ziel vor, als wäre es bereits Wirklichkeit. Visualisiere es in allen Details: Wie sieht es aus? Wie fühlt es sich an?

3. **Engel einladen:** Bitte die Engel, deine Vision mit positiver Energie zu stärken. Stell dir vor, wie sie goldenes Licht in deine Vision senden.

4. **Gefühl der Dankbarkeit:** Spüre die Dankbarkeit, als ob dein Wunsch bereits erfüllt wäre.

2. Das Gebet der Manifestation

1. **Formuliere dein Gebet:** „Geliebte Engel, ich danke euch für eure Unterstützung. Bitte helft mir, [dein Wunsch] in die Realität zu bringen. Möge es zu meinem höchsten Wohl und dem Wohl aller geschehen."

2. **Wiederhole das Gebet täglich:** Sprich dein Gebet jeden Morgen und Abend, um die Energie zu stärken.

3. Die Schreibtechnik

1. **Tagebuch der Manifestation:** Schreibe deinen Wunsch so auf, als wäre er bereits wahr geworden. Zum Beispiel: „Ich bin dankbar, dass ich in einem harmonischen Zuhause lebe."

2. **Engelsbotschaften einfügen:** Schreibe, wie die Engel dich dabei unterstützen, deinen Wunsch zu erfüllen.

Übungen zur Wahrnehmung der Engelspräsenz

Die Engelspräsenz bewusst wahrzunehmen, ist ein wesentlicher Schritt zur Materialisierung. Wenn du dich auf die Energie der Engel einstimmst, wird die Manifestation kraftvoller.

1. Meditation für Engelspräsenz

1. **Entspannung:** Setze dich bequem hin, schließe die Augen und atme tief ein und aus.

2. **Engel einladen:** Sage leise: „Geliebte Engel, ich lade euch ein, mir eure Präsenz zu zeigen."

3. **Achtsamkeit:** Achte auf subtile Zeichen wie ein warmes Gefühl, Lichtblitze oder sanfte Berührungen.

4. **Dankbarkeit:** Bedanke dich bei den Engeln für ihre Nähe.

2. Klangmeditation

1. **Klangschalen oder Musik:** Nutze harmonische Klänge, um deinen Geist zu beruhigen und dich für Engelsenergie zu öffnen.

2. **Engel einladen:** Bitte die Engel, durch die Klänge mit dir zu kommunizieren.

3. **Intuitive Eingebungen:** Achte darauf, welche Gedanken oder Gefühle während der Meditation auftauchen.

3. Zeichen im Alltag

1. **Federn:** Achte auf das Erscheinen von Federn in deinem Alltag. Sie sind ein häufiges Zeichen der Engel.

2. **Wiederholte Zahlen:** Zahlenfolgen wie 111 oder 444 sind Botschaften der Engel, die dich bestärken sollen.

3. **Synchronizitäten:** Beobachte Ereignisse, die wie Zufälle erscheinen, aber tiefere Bedeutungen tragen.

Erfahrungsberichte: Menschen, die Engelsenergie gespürt haben

Viele Menschen berichten von beeindruckenden Erlebnissen mit Engelsenergie. Diese Berichte zeigen, wie kraftvoll die Unterstützung der Engel sein kann.

1. Die Geschichte von Maria

Maria hatte sich in einer schwierigen Lebensphase verloren gefühlt. Durch tägliche Meditationen mit Erzengel Michael begann sie, inneren Frieden und Schutz zu erfahren. Sie erzählt: „Ich fühlte plötzlich eine unglaubliche Wärme und sah in meiner Meditation ein helles blaues Licht. Seit diesem Moment wusste ich, dass ich nicht allein bin."

2. Jonas und die Entscheidungshilfe

Jonas stand vor einer wichtigen beruflichen Entscheidung. Durch das Ziehen von Engelkarten erhielt er klare Hinweise, welche Richtung er einschlagen sollte. „Die Karten sprachen genau das aus, was ich tief in meinem Inneren schon wusste, aber nicht wahrhaben wollte."

3. Sarahs Heilungserfahrung

Sarah hatte seit Jahren mit gesundheitlichen Problemen zu kämpfen. Durch Heilrituale mit Erzengel Raphael fühlte sie sich energetisch gestärkt und erlebte spürbare Besserung. „Die grüne Energie von Raphael war wie ein Balsam für meine Seele."

Deine Rolle in der Materialisierung

Die Engel können dir helfen, aber du bist der wichtigste Teil des Manifestationsprozesses. Deine Bereitschaft, aktiv mitzuarbeiten, ist entscheidend.

1. Klarheit schaffen

Sei dir bewusst, was du wirklich willst. Vage Wünsche führen zu unklaren Ergebnissen.

2. Vertrauen entwickeln

Vertraue darauf, dass die Engel an deiner Seite sind und dass alles zur richtigen Zeit geschieht.

3. Handeln im Einklang mit deinen Wünschen

Engel unterstützen dich, aber du musst auch aktiv Schritte unternehmen, um deine Ziele zu erreichen.

Deine Reise zur Materialisierung mit den Engeln

Materialisierung ist ein magischer Prozess, bei dem du mit den Engeln zusammenarbeitest, um deine Träume zu verwirklichen.

Durch klare Intentionen, regelmäßige Rituale und Vertrauen kannst du die Energie der Engel in deinem Leben nutzen. Im nächsten Kapitel wirst du erfahren, wie du diese Verbindung im Alltag integrierst, um eine tiefe, dauerhafte Beziehung zu den Engeln aufzubauen.

Kapitel 8: Engel im Alltag integrieren

Einführung: Die Engel als tägliche Begleiter

Engel sind nicht nur spirituelle Wesen, die in besonderen Momenten erscheinen, sondern auch liebevolle Begleiter, die in den kleinen, alltäglichen Details deines Lebens präsent sein können. In diesem Kapitel lernst du, wie du die Energie der Engel in dein tägliches Leben integrieren kannst, um eine kontinuierliche Verbindung aufzubauen und von ihrer Unterstützung in allen Bereichen zu profitieren. Diese Integration hilft dir, die Balance zwischen Spiritualität und den Herausforderungen des Alltags zu finden.

Wie Engel dir im täglichen Leben helfen können

Die Engel sind darauf bedacht, dir bei jeder Herausforderung zu helfen, sei es in deinem persönlichen, beruflichen oder spirituellen Leben. Hier sind einige Wege, wie sie dich unterstützen können:

1. Emotionale Unterstützung

1. **Innere Ruhe:** Engel helfen dir, in stressigen Situationen Frieden und Gelassenheit zu bewahren.

2. **Heilung von emotionalem Schmerz:** Erzengel Raphael unterstützt dich dabei, alte Wunden zu heilen und dich emotional zu stabilisieren.

3. **Ermutigung:** Erzengel Gabriel stärkt dein Selbstvertrauen und ermutigt dich, neue Wege zu gehen.

2. Entscheidungsfindung

1. **Klarheit:** Engel senden dir Zeichen, die dir bei schwierigen Entscheidungen helfen können, zum Beispiel durch wiederholte Zahlen oder Symbole.

2. **Intuition stärken:** Sie helfen dir, auf dein Bauchgefühl zu hören und deiner inneren Weisheit zu vertrauen.

3. Schutz und Sicherheit

1. **Reiseschutz:** Bitte Erzengel Michael, dich auf Reisen zu begleiten und dich vor Gefahren zu bewahren.

2. **Schutz deines Zuhauses:** Visualisiere ein Schutzlicht, das von den Engeln um dein Zuhause gelegt wird.

4. Inspiration und Kreativität

1. **Künstlerische Projekte:** Engel wie Jophiel inspirieren dich zu kreativen Ideen und unterstützen dich bei der Umsetzung.

2. **Lösungsfindung:** Sie helfen dir, innovative Ansätze für Probleme zu finden.

Die Balance zwischen Spiritualität und Realität finden

Es kann herausfordernd sein, Spiritualität in den Alltag zu integrieren, besonders wenn du von den Anforderungen des Lebens abgelenkt bist. Hier sind einige Tipps, wie du diese Balance findest:

1. Schaffe spirituelle Routinen

1. **Morgenritual:** Beginne deinen Tag mit einem kurzen Gebet oder einer Meditation, um dich mit den Engeln zu verbinden.

2. **Abendritual:** Beende deinen Tag, indem du den Engeln für ihre Führung und Unterstützung dankst.

2. Bleibe geerdet

1. **Achtsamkeit:** Praktiziere Achtsamkeit, um präsent zu bleiben und die subtilen Zeichen der Engel wahrzunehmen.

2. **Verbindung zur Natur:** Spaziergänge in der Natur helfen dir, dich zu erden und die Engelenergie zu spüren.

3. Nutze praktische Hilfsmittel

1. **Engelskarten:** Ziehe eine Tageskarte, um eine Botschaft der Engel für den Tag zu erhalten.

2. **Kristalle:** Trage einen Schutzkristall oder lege ihn in dienen Arbeitsbereich, um dich mit Engelsenergie zu umgeben.

Engel als Begleiter für persönliche und berufliche Herausforderungen

Die Engel möchten dir helfen, dein volles Potenzial zu entfalten und Hindernisse auf deinem Weg zu überwinden. Hier sind einige Beispiele, wie sie dich in verschiedenen Lebensbereichen unterstützen können:

1. Persönliche Herausforderungen

1. **Selbstliebe entwickeln:** Erzengel Chamuel unterstützt dich dabei, dich selbst so zu akzeptieren, wie du bist.

2. **Ängste überwinden:** Bitte die Engel, dir Mut zu schenken und dich bei der Überwindung von Ängsten zu unterstützen.

2. Berufliche Herausforderungen

1. **Klarheit im Beruf:** Erzengel Uriel hilft dir, deine Berufung zu erkennen und deinen Karriereweg zu planen.

2. **Erfolg und Fülle:** Erzengel Raziel unterstützt dich dabei, finanzielle Fülle und Erfolg zu manifestieren.

Dankbarkeit und Vertrauen: Deine stärkste Verbindung

Dankbarkeit und Vertrauen sind die Grundpfeiler einer starken Verbindung zu den Engeln. Indem du deine Dankbarkeit ausdrückst und darauf vertraust, dass die Engel immer an deiner Seite sind, öffnest du dich für ihre Führung.

1. Dankbarkeit praktizieren

1. **Tägliche Dankbarkeitsliste:** Schreibe jeden Tag drei Dinge auf, für die du dankbar bist, und bedanke dich bei den Engeln für ihre Unterstützung.

2. **Dankgebet:** „Ich danke euch, geliebte Engel, für eure Liebe, Führung und Präsenz in meinem Leben."

2. Vertrauen entwickeln

1. **Geduld:** Vertraue darauf, dass alles zur richtigen Zeit geschieht, auch wenn die Ergebnisse nicht sofort sichtbar sind.

2. **Offenheit:** Sei offen für die Wege, auf denen die Engel dich führen möchten, auch wenn sie anders sind, als du es erwartest.

Übungen zur Integration der Engelsenergie im Alltag

1. Atemübung zur Verbindung mit den Engeln

1. **Setze dich bequem hin:** Schließe die Augen und atme tief ein und aus.

2. **Visualisiere Licht:** Stelle dir vor, wie ein strahlendes Licht von den Engeln zu dir fließt.

3. **Spüre die Präsenz:** Atme das Licht ein und fühle die liebevolle Energie der Engel.

2. Lichtkreis der Engel

1. **Erstelle einen Kreis aus Kerzen:** Zünde Kerzen an und setze dich in die Mitte des Kreises.

2. **Engel einladen:** Bitte die Engel, dich mit Licht und Liebe zu umgeben.

3. **Meditation:** Spüre die Energie des Lichtkreises und die Gegenwart der Engel.

3. Gebet im Alltag

1. **Kurze Gebete:** Sprich kurze Gebete wie: „Geliebte Engel, seid bei mir."

2. **Situationsgebete:** Bitte die Engel um Hilfe in bestimmten Situationen, z. B. vor einem wichtigen Gespräch.

Deine Reise mit den Engeln im Alltag

Die Integration der Engelsenergie in deinen Alltag ist ein kraftvoller Weg, um dich auf die Liebe und Führung der Engel einzustimmen. Je bewusster du diese Energie in dein Leben einlädst, desto mehr wirst du ihre Präsenz spüren. Die Engel möchten, dass du weißt: Du bist niemals allein, und ihre Unterstützung steht dir jederzeit zur Verfügung.

Im nächsten Kapitel wirst du erfahren, wie du mit Hindernissen und Zweifeln auf deinem Weg umgehen kannst, um deine Verbindung zu den Engeln weiter zu vertiefen.

Kapitel 9: Hindernisse und Zweifel auf dem Weg

Einführung: Die Herausforderungen der Engelverbindung

Der Weg, eine tiefe Verbindung zu den Engeln aufzubauen, ist oft mit Herausforderungen und Zweifeln gepflastert. Diese Hürden können aus inneren Blockaden, äußeren Einflüssen oder unrealistischen Erwartungen resultieren. Dieses Kapitel widmet sich den häufigsten Hindernissen, zeigt dir, wie du damit umgehen kannst, und gibt dir Werkzeuge an die Hand, um deine Verbindung zu den Engeln zu stärken.

Warum wir manchmal keine Engel spüren

Es gibt Momente, in denen die Verbindung zu den Engeln schwächer scheint oder sogar ganz zu fehlen scheint. Dies kann mehrere Gründe haben:

1. Innere Blockaden

1. **Zweifel:** Selbstzweifel oder Zweifel an der Existenz der Engel können die Verbindung blockieren. Wenn du dich fragst, ob Engel wirklich bei dir sind, erschwerst du es ihnen, ihre Präsenz zu zeigen.

2. **Unverarbeitete Emotionen:** Angst, Wut oder Trauer können wie ein Schleier wirken, der die Engelsenergie verdeckt.

2. Äußere Einflüsse

1. **Stress und Hektik:** Ein hektischer Alltag kann dich daran hindern, die subtilen Zeichen der Engel wahrzunehmen.

2. **Negatives Umfeld:** Menschen oder Orte mit negativer Energie können deine Schwingung senken und die Verbindung erschweren.

3. Spirituelle Erwartungshaltung

1. **Unrealistische Vorstellungen:** Wenn du erwartest, dass Engel in spektakulären Visionen erscheinen, übersiehst du möglicherweise die kleinen, subtilen Zeichen.

2. **Ungeduld:** Manchmal dauert es Zeit, bis Engel ihre Botschaften klar und deutlich übermitteln können.

Umgang mit Skepsis – die Balance zwischen Glauben und Vernunft

Skepsis ist ein natürlicher Teil der spirituellen Reise und kann sogar hilfreich sein, um eine gesunde Balance zwischen Glauben und Vernunft zu finden.

1. Die Rolle der Skepsis verstehen

1. **Hinterfragen:** Skepsis hilft dir, deinen Glauben zu hinterfragen und ihn zu festigen, indem du nach Antworten suchst.

2. **Offenheit bewahren:** Anstatt skeptische Gedanken zu unterdrücken, lade sie ein, um zu lernen und zu wachsen.

2. Beweise der Engelspräsenz erkennen

1. **Praktische Zeichen:** Achte auf wiederkehrende Zahlen, Federn oder unerwartete Begegnungen, die dir Sicherheit geben.

2. **Tagebuch führen:** Schreibe deine Erlebnisse mit den Engeln auf, um Muster und Bestätigungen zu erkennen.

3. Vertrauen durch Erfahrung stärken

1. **Kleine Schritte:** Beginne mit kleinen Übungen wie einem Gebet oder einer Meditation und beobachte, wie sich die Engelsenergie zeigt.

2. **Gemeinschaft suchen:** Der Austausch mit Gleichgesinnten kann dir helfen, deine Erfahrungen zu validieren und deinen Glauben zu stärken.

Schutz vor Selbsttäuschung und unrealistischen Erwartungen

Ein wichtiger Aspekt der Arbeit mit Engeln ist es, zwischen echten Botschaften und Wunschdenken zu unterscheiden. Dies erfordert Achtsamkeit und Ehrlichkeit.

1. Echte Botschaften von Wunschdenken unterscheiden

1. **Gefühle der Ruhe:** Echte Engelsbotschaften hinterlassen ein Gefühl von Frieden und Klarheit, während Wunschdenken oft mit Anspannung einhergeht.

2. **Wiederholungen:** Engel senden oft wiederkehrende Zeichen, um ihre Botschaft zu bestätigen.

2. Realistische Erwartungen setzen

1. **Subtile Kommunikation:** Engel kommunizieren oft auf sanfte und subtile Weise. Erwarte keine spektakulären Erscheinungen.

2. **Geduld üben:** Manche Botschaften benötigen Zeit, um verstanden zu werden.

3. Schutz durch Rituale

1. **Erdung:** Regelmäßige Erdungsübungen helfen dir, klar und zentriert zu bleiben.

2. **Schutzgebet:** „Geliebte Engel, helft mir, klar und offen für eure Botschaften zu sein, ohne mich selbst zu täuschen."

Praktische Tipps zur Überwindung von Blockaden

Blockaden können überwunden werden, wenn du bereit bist, aktiv an deiner Verbindung zu arbeiten. Hier sind einige praktische Schritte:

1. Emotionale Reinigung

1. **Tränen zulassen:** Emotionen wie Trauer oder Wut können durch geweinte Tränen gelöst werden.

2. **Schreibtherapie:** Schreibe deine Gedanken und Gefühle nieder, um Klarheit zu gewinnen.

2. Meditation zur Blockadenlösung

1. **Visualisierung:** Stelle dir vor, dass ein warmes, goldenes Licht alle Blockaden in deinem Körper auflöst.

2. **Engel um Hilfe bitten:** Bitte Erzengel Raphael, dir bei der Heilung emotionaler Wunden zu helfen.

3. Schaffung eines heiligen Raums

1. **Rückzugsort:** Richte dir einen Ort ein, der nur für deine spirituelle Praxis bestimmt ist.

2. **Reinigung:** Halte den Raum durch Räucherwerk oder ätherische Öle energetisch rein.

4. Geduld und Selbstmitgefühl

1. **Sanft zu dir selbst sein:** Akzeptiere, dass Blockaden Teil deiner Reise sind.

2. **Zeit geben:** Spirituelle Entwicklung ist ein Prozess, der Geduld erfordert.

Übungen zur Vertiefung der Verbindung

1. Atmung und Achtsamkeit

1. **Tiefe Atemzüge:** Atme langsam ein und aus, um deinen Geist zu beruhigen.

2. **Engel einladen:** Stelle dir vor, wie die Engel mit jedem Atemzug näherkommen.

2. Schreiben als Kanal

1. **Automatisches Schreiben:** Setze dich mit Papier und Stift hin, schließe die Augen und schreibe die Gedanken auf, die dir in den Sinn kommen.

2. **Fragen stellen:** Schreibe eine Frage auf und lasse die Antwort intuitiv durch deine Hand fließen.

3. Visualisierung der Engelsenergie

1. **Lichtkugel:** Stelle dir eine leuchtende Kugel vor, die dich umgibt und mit Engelenergie erfüllt ist.

2. **Botschaften empfangen:** Konzentriere dich auf die Farben oder Bewegungen der Kugel und lasse intuitive Botschaften entstehen.

Deine Reise durch Hindernisse und Zweifel

Hindernisse und Zweifel sind ein natürlicher Teil deiner spirituellen Reise. Sie fordern dich heraus, tiefer zu gehen, klarer zu werden und Vertrauen zu entwickeln. Indem du diese Herausforderungen annimmst, wächst nicht nur deine Verbindung zu den Engeln, sondern auch deine innere Stärke.

Im nächsten Kapitel wirst du entdecken, wie die kollektive WIR-kung der Engelsenergie die Welt verändern und eine harmonische Zukunft schaffen kann.

Kapitel 10: Eine Welt mit Engeln erschaffen

Einführung: Die kollektive Kraft der Engelsenergie

Stell dir eine Welt vor, in der Engelsenergie die Grundlage für menschlich(t)es Handeln bildet. Eine Welt, in der Liebe, Mitgefühl und Harmonie nicht nur Ideale, sondern gelebte Realität sind. Dieses Kapitel widmet sich der kollektiven Wirkung der Engelsenergie und zeigt dir, wie du durch deine Verbindung zu den Engeln nicht nur dein eigenes Leben bereichern, sondern auch die Welt um dich herum transformieren kannst. Gemeinsam mit den Engeln kannst du Teil einer harmonischen Zukunft werden.

Die kollektive Wirkung der Engelsenergie auf die Menschheit

Engel wirken nicht nur auf individueller Ebene, sondern auch im großen Ganzen. Sie tragen dazu bei, das kollektive Bewusstsein anzuheben und positive Veränderungen herbeizuführen.

1. Das kollektive Bewusstsein heilen

1. **Harmonisierung durch Gebete:** Wenn viele Menschen gleichzeitig beten oder meditieren, entsteht ein Energiefeld, das Heilung und Frieden fördert.

2. **Engel als Vermittler:** Engel wirken als Kanal, der diese kollektive Energie bündelt und in die Welt aussendet.

3. **Gemeinschaftliche Rituale:** Gemeinsame Rituale, wie weltweite Friedensmeditationen, ziehen Engelsenergie an und verstärken ihre Wirkung.

2. Die Schwingung der Erde erhöhen

1. **Engelsenergie und Natur:** Engel arbeiten eng mit der Natur zusammen, um das Gleichgewicht des Planeten zu erhalten. Sie regen Menschen an, bewusster mit der Erde umzugehen.

2. **Kollektive Lichtarbeit:** Lichtarbeiter, die mit Engelsenergie arbeiten, tragen dazu bei, die Schwingung der Erde zu erhöhen und dunkle Energien zu transformieren.

3. Inspiration für globales Handeln

1. **Führungskräfte inspirieren:** Engel wirken oft auf unbewusster Ebene und inspirieren Entscheidungsträger dazu, weise und mitfühlend zu handeln.

2. **Verbindung schaffen:** Sie fördern die Zusammenarbeit zwischen Menschen verschiedener Kulturen, um Frieden und Verständnis zu schaffen.

Engel und die Vision einer harmonischen Zukunft

Die Engel haben eine klare Vision für die Menschheit: eine Welt, in der jeder Mensch sein göttliches Potenzial erkennt und in Liebe handelt. Diese Vision kann Realität werden, wenn wir uns aktiv daran beteiligen.

1. Die Elemente einer harmonischen Welt

1. **Liebe:** Engel erinnern uns daran, dass bedingungslose Liebe die stärkste Kraft im Universum ist.

2. **Vergebung:** Eine Welt voller Harmonie erfordert die Bereitschaft, alte Wunden zu heilen und anderen zu vergeben.

3. **Freiheit:** Engel streben danach, dass jeder Mensch frei von Angst und Zwängen lebt.

2. Praktische Schritte zur Verwirklichung der Vision

1. **Bildung und Bewusstsein:** Engel inspirieren Menschen dazu, Wissen zu teilen und Bewusstsein für spirituelle Werte zu schaffen.

2. **Gemeinschaftsprojekte:** Engagierte Gruppen können mit Engelsenergie arbeiten, um Gemeinschaften zu stärken und Veränderungen herbeizuführen.

3. **Aktiver Umweltschutz:** Engel ermutigen uns, die Natur zu schützen und nachhaltiger zu leben.

Wie du durch deine Verbindung mit Engeln andere inspirieren kannst

Deine eigene Beziehung zu den Engeln kann eine Quelle der Inspiration für andere sein. Indem du die Engelsenergie in deinem Leben verkörperst, wirst du zum Vorbild und Motivator für dein Umfeld.

1. Engelsenergie ausstrahlen

1. **Positive Schwingung:** Deine Verbindung zu den Engeln erhöht deine eigene Schwingung, was andere automatisch anzieht.

2. **Vorbildfunktion:** Menschen, die deine Ruhe, Liebe und Weisheit spüren, werden ermutigt, selbst eine Verbindung zu den Engeln aufzubauen.

2. Geschichten teilen

1. **Persönliche Erlebnisse:** Erzähle von deinen Erfahrungen mit den Engeln, um anderen Mut zu machen, ihre eigene Reise zu beginnen.

2. **Kreative Projekte:** Schreibe Bücher, male Bilder oder erstelle Musik, die von deiner Verbindung zu den Engeln inspiriert ist.

3. Andere anleiten

1. **Workshops und Kurse:** Biete Kurse an, in denen du anderen zeigst, wie sie sich mit den Engeln verbinden können.

2. **Gemeinsame Rituale:** Lade Menschen ein, an Meditationen oder Gebeten teilzunehmen, die auf Engelsenergie ausgerichtet sind.

Übungen für die kollektive Transformation

1. Globale Friedensmeditation

1. **Gruppenmeditation:** Organisiere eine Meditation, bei der alle Teilnehmer gleichzeitig die Engel um Frieden bitten.

2. **Visualisierung:** Stelle dir vor, wie ein goldenes Licht die Erde umhüllt und alle Menschen verbindet.

2. Engelsnetzwerk aufbauen

1. **Verbindung schaffen:** Vernetze dich mit Gleichgesinnten, die ebenfalls mit Engelsenergie arbeiten.

2. **Gemeinsame Ziele setzen:** Arbeitet zusammen an Projekten, die Liebe und Harmonie fördern.

3. Lichtarbeit im Alltag

1. **Tägliche Gebete:** Bete täglich für das Wohlergehen der Menschheit.

2. **Liebe verbreiten:** Zeige im Alltag Mitgefühl und Freundlichkeit, um die Engelsenergie weiterzugeben.

Deine Rolle in der Erschaffung einer neuen Welt

Die Engel erinnern dich daran, dass du ein wichtiger Teil der kollektiven Transformation bist. Jede positive Handlung, jedes liebevolle Wort und jedes bewusste Gebet tragen dazu bei, die Welt zu einem besseren Ort zu machen. Die Engel sind immer an deiner Seite, um dich bei diesem heiligen Auftrag zu unterstützen.

Kapitel 11: Danksagung und Ausblick – Die Botschaft der Engel weitertragen

Einführung: Die Engel danken dir

Die Engel möchten dir danken. Für deine Offenheit, für deine Bereitschaft, sie in dein Leben einzuladen, und für dein Vertrauen in ihre Führung. Dieses Kapitel ist eine Reflexion über die Reise, die du unternommen hast, und ein Aufruf, die Botschaft der Engel mit Liebe und Hingabe weiterzutragen.

Die tiefe Bedeutung von Dankbarkeit

Dankbarkeit ist eine der höchsten Schwingungen, die du in dienem Leben kultivieren kannst. Sie öffnet dein Herz und ver-tieft deine Verbindung zur Engelswelt. Indem du dankbar bist, verstärkst du die Energie der Liebe und ziehst noch mehr göttliche Führung in dein Leben.

1. Dankbarkeit gegenüber den Engeln

1. **Tägliche Danksagung:** Beginne und beende jeden Tag mit einem kurzen Gebet der Dankbarkeit. Es könnte so einfach sein wie: „Danke, geliebte Engel, für eure Liebe und Führung."

2. **Rituale der Wertschätzung:** Zünde eine Kerze an oder stelle Blumen auf, um deinen Engeln symbolisch zu danken.

2. Dankbarkeit in dein Umfeld tragen

1. **Mitgefühl zeigen:** Zeige durch kleine Taten der Freundlichkeit, dass du die Engelsenergie in dir trägst.

2. **Dankesworte:** Bedanke dich regelmäßig bei Menschen in deinem Leben. Engel wirken oft durch andere Menschen.

Rückblick auf deine Reise mit den Engeln

1. Die Schritte, die du gegangen bist

1. **Entdeckung:** Du hast die Welt der Engel betreten und erste Zeichen und Botschaften wahrgenommen.

2. **Vertiefung:** Durch Meditation, Rituale und Gebete hast du deine Verbindung gestärkt.

3. **Integration:** Du hast gelernt, Engelsenergie in deinem Alltag zu nutzen und sie mit anderen zu teilen.

2. Die Transformation, die du erlebt hast

1. **Innere Heilung:** Vielleicht hast du alte Wunden losgelassen und Frieden in deinem Herzen gefunden.

2. **Neue Perspektiven:** Deine Sicht auf die Welt und deine Rolle darin hat sich erweitert.

3. **Engelsführung:** Du spürst die ständige Präsenz der Engel in deinem Leben und weißt, dass du nie allein bist.

Die Botschaft der Engel in die Welt tragen

Die Engel ermutigen dich, ihre Botschaften weiterzugeben, damit immer mehr Menschen Zugang zu ihrer liebevollen Energie finden können. Hier sind einige Möglichkeiten, wie du dies tun kannst:

1. Durch dein Vorbild

1. **Engelsenergie leben:** Zeige durch deine Haltung und dein Handeln, dass du von der Engelsenergie erfüllt bist.

2. **Friedensbringer sein:** Sei ein Beispiel für Frieden und Liebe, besonders in schwierigen Situationen.

2. Kreative Projekte starten

1. **Schreiben:** Verfasse ein Buch, einen Blog oder Artikel über deine Erfahrungen mit den Engeln.

2. **Kunst:** Drücke die Engelsenergie durch Malerei, Musik oder Tanz aus.

3. **Workshops und Seminare:** Teile dein Wissen und deine Erfahrungen in Kursen oder Veranstaltungen.

3. Gemeinschaft aufbauen

1. **Engelskreise:** Gründe eine Gruppe von Gleichgesinnten, die sich regelmäßig trifft, um gemeinsam mit den Engeln zu arbeiten.

2. **Online-Plattformen:** Nutze soziale Medien, um Menschen zu inspirieren und zu vernetzen.

Die Engel und die Zukunft der Menschheit

Die Engel sehen eine Zukunft, in der die Menschheit in Harmonie mit sich selbst, der Natur und dem Göttlichen lebt. Diese Vision ist möglich, wenn immer mehr Menschen sich ihrer göttlichen Natur bewusstwerden und die Führung der Engel annehmen.

1. Die Rolle jedes Einzelnen

1. **Bewusstsein schaffen:** Jeder Mensch, der die Engelsenergie in sein Leben einlädt, trägt zur kollektiven Transformation bei.

2. **Aktive Teilnahme:** Kleine, bewusste Handlungen im Alltag können einen großen Unterschied machen.

2. Die globale Wirkung der Engelsenergie

1. **Friedensarbeit:** Engel wirken auf politischer und gesellschaftlicher Ebene, indem sie Führer inspirieren, mitfühlend und gerecht zu handeln.

2. **Ökologische Heilung:** Die Engel unterstützen Projekte, die auf den Schutz und die Heilung der Erde abzielen.

Deine persönliche Verbindung zu den Engeln stärken

Die Reise mit den Engeln endet nie. Es gibt immer neue Ebenen der Verbindung, die du entdecken kannst. Hier sind einige Tipps, um deine Beziehung zu den Engeln weiter zu vertiefen:

1. Regelmäßige Praxis

1. **Meditation:** Nimm dir täglich Zeit, um dich mit den Engeln zu verbinden.

2. **Rituale:** Schaffe regelmäßige Rituale, die deine Verbindung stärken.

2. Neues Lernen

1. **Studium:** Lies Bücher über Engel und spirituelle Themen, um dein Wissen zu erweitern.

2. **Workshops:** Besuche Kurse, um neue Techniken und Methoden zu lernen.

3. Offenheit für Wunder

1. **Achtsamkeit:** Halte Ausschau nach Zeichen und Wundern in deinem Alltag.

2. **Vertrauen:** Glaube daran, dass die Engel immer an deiner Seite sind und dich unterstützen.

Ein persönlicher Dank des Autors

Ich danke dir, dass du dieses Buch in dein Leben gelassen hast. Deine Offenheit und dein Mut, dich auf die Engel einzulassen, sind ein Licht in dieser Welt. Möge deine Reise mit den Engeln dich weiterhin inspirieren, heilen und stärken. Denke daran: Du bist niemals allein. Die Engel sind immer bei dir, bereit, dich zu führen und zu beschützen.

Kapitel 12: Die Engelsenergie in die Welt tragen

Die Vollendung deiner Reise

Du hast mit diesem Buch eine Reise unternommen, die dich tief in die Welt der Engel geführt hat. Du hast erfahren, wie du dich mit ihrer Energie verbinden, ihre Botschaften verstehen und ihre Kraft in deinem Alltag nutzen kannst. Dieses Kapitel ist eine Einladung, die Essenz dieser Reise weiterzutragen – in deinem eigenen Leben und darüber hinaus.

Die Verantwortung eines Lichtträgers

Indem du dich mit den Engeln verbunden hast, bist du ein Träger des Lichts geworden. Diese Rolle bringt sowohl Freude als auch Verantwortung mit sich.

1. Deine persönliche Entwicklung fortsetzen

1. **Stetiges Lernen:** Die spirituelle Reise endet nie. Es gibt immer neue Ebenen der Verbindung zu entdecken.

2. **Selbstreflexion:** Bleibe offen für Feedback von den Engeln und von deinem eigenen Inneren.

2. Anderen dienen

1. **Hilfsbereitschaft:** Teile deine Erfahrungen und biete Unterstützung an, wo immer sie gebraucht wird.

2. **Inspiration:** Sei ein Vorbild, indem du die Prinzipien der Engelsenergie – Liebe, Mitgefühl, Frieden – lebst.

Die kollektive Wirkung deiner Verbindung

Jede Verbindung, die du mit den Engeln aufbaust, trägt zur Heilung und Transformation des kollektiven Bewusstseins bei. Deine positive Energie wirkt sich nicht nur auf dich, sondern auch auf dein Umfeld und letztlich auf die gesamte Menschheit aus.

1. Gemeinschaft aufbauen

1. **Engelsnetzwerke:** Schaffe Orte, an denen Menschen zusammenkommen können, um die Engelsenergie zu erleben.

2. **Globale Meditationen:** Nimm an Gruppenmeditationen teil, um die Energie der Engel in die Welt auszusenden.

2. Projekte zur Unterstützung der Erde

1. **Umweltschutz:** Engel ermutigen uns, Verantwortung für unseren Planeten zu übernehmen.

2. **Soziale Projekte:** Arbeite mit Organisationen zusammen, die Mitgefühl und Menschlichkeit fördern.

Dein Beitrag zu einer besseren Welt

Die Engel erinnern uns daran, dass jede noch so kleine Handlung zählt. Jedes freundliche Wort, jede liebevolle Geste, jede bewusste Entscheidung trägt dazu bei, die Welt zu einem besseren Ort zu machen.

1. Achtsamkeit im Alltag

1. **Kleine Rituale:** Beginne den Tag mit einem Gebet oder einer Meditation, um dich auf die Engelsenergie einzustimmen.

2. **Dankbarkeit:** Drücke regelmäßig Dankbarkeit für die Engel und die Segnungen in deinem Leben aus.

2. Kreativität nutzen

1. **Schreiben und Teilen:** Verfasse Artikel oder Blogs, um deine Erkenntnisse mit anderen zu teilen.

2. **Kunst:** Drücke die Energie der Engel durch Kunstwerke, Musik oder andere kreative Projekte aus.

Ein persönlicher Abschied

Dieses Buch war nicht nur eine Sammlung von Wissen und Übungen, sondern auch eine Herzensbotschaft. Es wurde mit der Intention geschrieben, dich zu inspirieren, zu ermutigen und dir zu zeigen, dass du niemals allein bist. Die Engel sind mitten unter uns – immer bereit, dich zu führen und zu unterstützen.

Ich danke dir von Herzen, dass du diese Reise unternommen hast. Möge die Engelsenergie dich weiterhin begleiten und dir den Mut und die Kraft geben, dein Licht in die Welt zu tragen.

Kapitel 13: Gebete und Meditationen – Werkzeuge für jede Lebenslage

Einführung: Die transformative Kraft von Gebeten und Meditationen

Gebete und Meditationen sind machtvolle Werkzeuge, um dich mit der Engelsenergie zu verbinden, innere Ruhe zu finden und dich für die göttliche Führung zu öffnen. Dieses Kapitel bietet dir eine Sammlung von Gebeten und Meditationen, die dich in unterschiedlichen Lebenssituationen unterstützen können. Egal, ob du Trost suchst, Klarheit benötigst oder deine spirituelle Praxis vertiefen möchtest – diese Übungen sind so gestaltet, dass sie dich auf deinem Weg stärken.

Die Bedeutung von Gebeten in der Engelsarbeit

Gebete sind weit mehr als bloße Worte. Sie sind eine Brücke zwischen der irdischen und der himmlischen Welt, eine Möglichkeit, deine Absichten, Wünsche und Dankbarkeit direkt an die Engel zu richten.

1. Die Funktion von Gebeten

1. **Verbindung schaffen:** Gebete öffnen dein Herz und deinen Geist für die Präsenz der Engel.

2. **Energie fokussieren:** Sie lenken deine Aufmerksamkeit auf das, was du dir wünschst, und verstärken diese Energie.

3. **Hingabe und Vertrauen:** Durch Gebete drückst du dein Vertrauen in die göttliche Ordnung aus.

2. Wann Gebete besonders kraftvoll sind

1. **Morgens:** Beginne deinen Tag mit einem Gebet, um dich mit Schutz und Führung zu umgeben.

2. **In schwierigen Momenten:** Rufe die Engel durch ein Gebet, wenn du Trost oder Klarheit benötigst.

3. **Abends:** Bedanke dich vor dem Schlafengehen für die Segnungen des Tages und lade die Engel ein, über dich zu wachen.

Sammlung von Gebeten

1. Gebet des Schutzes mit Erzengel Michael

„Geliebter Erzengel Michael, ich rufe dich an, um mich mit deinem Licht zu umhüllen. Schütze mich vor allen negativen Energien und führe mich mit Mut und Klarheit durch diesen Tag. Danke für deine unerschütterliche Präsenz und deine Liebe."

2. Gebet der Heilung mit Erzengel Raphael

„Erzengel Raphael, ich öffne mich für deine heilende Energie. Berühre mein Herz, meinen Geist und meinen Körper mit deinem grünen Licht. Lass mich Heilung auf allen Ebenen erfahren und mit jedem Atemzug in Frieden und Gesundheit wachsen."

3. Gebet der Klarheit mit Erzengel Uriel

„Erzengel Uriel, erleuchte meinen Weg mit deinem goldenen Licht. Hilf mir, die Wahrheit zu erkennen und weise Entscheidungen zu treffen. Danke, dass du mir Klarheit und Weisheit bringst."

4. Dankgebet für alle Engel

„Ich danke euch, geliebte Engel, für eure Liebe, eure Führung und euren Schutz. Möge eure Präsenz mich immer an die göttliche Ordnung und die Kraft der Liebe erinnern."

Die Rolle der Meditation in der Engelsarbeit

Meditation ist ein weiterer kraftvoller Weg, um die Engelsenergie zu spüren und ihre Botschaften zu empfangen. Sie erlaubt dir, deinen Geist zu beruhigen und dich auf die feinen Schwingungen der Engel einzustimmen.

1. Warum Meditation wichtig ist

1. **Inneren Raum schaffen:** Meditation hilft dir, Stille zu finden und dich von äußeren Ablenkungen zu lösen.

2. **Empfänglichkeit fördern:** Ein ruhiger Geist ist besser in der Lage, die subtilen Botschaften der Engel wahrzunehmen.

3. **Energie ausgleichen:** Meditation harmonisiert deine Chakren und bringt deine Schwingung in Einklang mit der Engelsenergie.

2. Die richtige Vorbereitung

1. **Ruhiger Ort:** Finde einen Platz, an dem du ungestört bist.

2. **Kerzen und Räucherwerk:** Diese Hilfsmittel können die Atmosphäre klären und dich auf die Meditation einstimmen.

3. **Bequeme Haltung:** Sitze bequem, aber aufrecht, um die Energie frei fließen zu lassen.

Geführte Meditationen

1. Meditation zur Verbindung mit deinem Schutzengel

1. **Atme tief ein und aus:** Entspanne deinen Körper und schließe die Augen.

2. **Visualisiere Licht:** Stelle dir vor, wie ein warmes, goldenes Licht dich umhüllt.

3. **Sprich die Einladung:** „Geliebter Schutzengel, ich lade dich ein, dich mir zu zeigen. Lass mich deine Präsenz spüren."

4. **Spüre die Energie:** Achte auf Veränderungen in deinem Körper, Gefühle von Wärme oder ein sanftes Kribbeln.

5. **Dankbarkeit:** Bedanke dich bei deinem Schutzengel für seine Nähe.

2. Meditation zur Chakrenharmonisierung mit den Engeln

1. **Visualisiere jedes Chakra:** Beginne mit dem Wurzelchakra und arbeite dich nach oben.

2. **Engel einladen:** Bitte die Engel, jedes Chakra mit Licht zu reinigen und zu aktivieren.

3. **Spüre die Balance:** Fühle, wie dein Körper harmonisiert wird und Energie frei fließt.

3. Meditation zur Heilung und Vergebung

1. **Rufe Erzengel Raphael:** Bitte ihn, dir bei der Heilung alter Wunden zu helfen.

2. **Visualisiere grüne Energie:** Stelle dir vor, wie grünes Licht dein Herz umhüllt.

3. **Lass los:** Atme tief ein und aus, und lasse alle negativen Emotionen los.

Praktische Tipps für Gebete und Meditationen

1. Regelmäßigkeit entwickeln

1. **Feste Zeiten:** Plane Gebete und Meditationen in deinen Tagesablauf ein.

2. **Tägliche Praxis:** Selbst fünf Minuten können eine starke Wirkung haben.

2. Achtsamkeit im Alltag

1. **Kurze Pausen:** Nimm dir zwischendurch Zeit, innezuhalten und dich auf die Engel einzustimmen.

2. **Zeichen achten:** Sei wachsam für Botschaften der Engel in deinem Alltag.

Die Kraft der Hingabe

Gebete und Meditationen sind nicht nur Werkzeuge, sondern Ausdruck deiner Hingabe und deines Vertrauens in die Engel. Indem du diese Praktiken in dein Leben integrierst, schaffst du eine tiefe und beständige Verbindung zur Engelswelt. Die Engel sind immer bei dir, bereit, dir Liebe, Heilung und Führung zu schenken. Nimm diese Geschenke an und lasse sie dein Leben transformieren.

Kapitel 14: Eine Auswahl an Engelskarten und Orakeln – Empfehlungen für deine spirituelle Reise

Einführung: Werkzeuge zur Vertiefung deiner Engelsverbindung

Engelskarten und Orakel sind kraftvolle Hilfsmittel, um Botschaften der Engel zu empfangen und ihre Weisheit in deinen Alltag zu integrieren. Dieses Kapitel stellt dir eine Auswahl an Engelskarten, Orakeldecks und anderen spirituellen Werkzeugen vor, die dir helfen können, deine Verbindung zur Engelswelt zu vertiefen. Du erfährst, wie du diese Karten auswählst, anwendest und ihre Botschaften richtig interpretierst.

Die Bedeutung von Engelskarten und Orakeln

Engelskarten sind ein Kommunikationsmittel zwischen dir und der Engelswelt. Sie dienen dazu, dir Klarheit, Trost und Inspiration zu schenken, besonders in Zeiten der Unsicherheit.

1. Warum Engelskarten wirken

1. **Energetische Verbindung:** Jede Karte trägt eine bestimmte Schwingung, die mit deiner eigenen Energie und der der Engel harmoniert.

2. **Intuitive Führung:** Die Karten sprechen direkt zu deinem Unterbewusstsein und fördern deine intuitive Wahrnehmung.

2. Wann Engelskarten hilfreich sind

1. **Tägliche Orientierung:** Ziehe eine Karte, um eine Botschaft für den Tag zu erhalten.

2. **Entscheidungen treffen:** Nutze die Karten, um Klarheit in schwierigen Situationen zu gewinnen.

3. **Spirituelle Vertiefung:** Verwende die Karten in Meditationen oder Ritualen, um die Verbindung zu den Engeln zu stärken.

Auswahl der richtigen Engelskarten

Es gibt eine Vielzahl von Engelskarten und Orakeldecks auf dem Markt, jedes mit seinem eigenen Fokus und Stil. Hier sind einige Empfehlungen, wie du das richtige Deck für dich findest:

1. Achte auf deine Intuition

1. **Visuelle Anziehung:** Wähle ein Deck, dessen Bilder dich ansprechen und eine emotionale Resonanz auslösen.

2. **Themenrelevanz:** Überlege, welches Thema dir besonders wichtig ist (z. B. Heilung, Schutz, Führung).

2. Empfehlungen für Einsteiger

1. **Das klassische Engel-Orakel:** Dieses Deck enthält einfache Botschaften und wunderschöne Illustrationen, die besonders für Anfänger geeignet sind.

2. **Das Erzengel-Orakel:** Ein Deck, das sich auf die mächtigen Energien der Erzengel konzentriert und dir spezifische Unterstützung bietet.

3. **Heilungsengel-Karten:** Ein Deck, das speziell für emotionale und körperliche Heilung entwickelt wurde.

3. Fortgeschrittene Decks

1. **Engel-Tarot:** Eine Kombination aus traditionellem Tarot und Engelsbotschaften, ideal für detaillierte Einblicke.

2. **Schattenarbeit mit Engeln:** Ein Orakel, das dir hilft, tiefere, verborgene Themen zu erkunden und zu heilen.

Anwendung von Engelskarten

Die Verwendung von Engelskarten erfordert keine besonderen Vorkenntnisse, sondern nur Offenheit und Vertrauen. Hier sind einige Schritte, die dir den Einstieg erleichtern:

1. Vorbereitung

1. **Ruhiger Raum:** Schaffe eine Atmosphäre, in der du dich wohlfühlst, z. B. mit Kerzen oder Räucherwerk.

2. **Zentrierung:** Atme tief ein und aus, um dich zu entspannen und deine Energie zu fokussieren.

2. Ziehmethoden

1. **Tageskarte:** Mische das Deck und ziehe intuitiv eine Karte, die eine Botschaft für deinen Tag enthält.

2. **Drei-Karten-Legung:** Ziehe drei Karten für Vergangenheit, Gegenwart und Zukunft.

3. **Spezifische Fragen:** Formuliere eine klare Frage und ziehe eine oder mehrere Karten, um Antworten zu erhalten.

3. Interpretation der Botschaften

1. **Vertraue deinem Gefühl:** Deine intuitive Wahrnehmung ist genauso wichtig wie die Beschreibung im Begleitbuch.

2. **Symbole und Farben:** Achte auf Details in den Bildern, die dir zusätzliche Hinweise geben können.

Rituale mit Engelskarten

Engelskarten können in spirituellen Ritualen verwendet werden, um ihre Wirkung zu verstärken. Hier sind einige Vorschläge:

1. Vollmondritual

1. **Reinigung:** Reinige dein Deck vor dem Ritual mit Räucherwerk oder durch Visualisierung.

2. **Absicht setzen:** Formuliere eine klare Absicht, z. B. „Ich bitte um Klarheit für meinen Weg."

3. **Kartenlegung:** Ziehe drei Karten und meditiere über ihre Botschaften im Licht des Vollmonds.

2. Schutzritual

1. **Erzengel Michael einladen:** Bitte Erzengel Michael, deinen Raum zu schützen.

2. **Schutzkarte ziehen:** Ziehe eine Karte, die dir Schutz und Stärke gibt, und stelle sie sichtbar auf.

3. **Visualisierung:** Stelle dir vor, wie die Energie der Karte dich und deinen Raum umgibt.

Pflege und energetische Reinigung der Karten

Engelskarten nehmen Energie auf und sollten regelmäßig gereinigt werden, um klar und effektiv zu bleiben.

1. Methoden zur Reinigung

1. **Räucherwerk:** Halte die Karten über den Rauch von Salbei oder Palo Santo.

2. **Mondlicht:** Lege die Karten bei Vollmond ins Licht, um sie aufzuladen.

3. **Kristalle:** Platziere einen klaren Quarz oder Selenit auf das Deck.

2. Rituale zur Wiederverbindung

1. **Dankgebet:** Bedanke dich bei den Engeln für ihre Botschaften und segne das Deck.

2. **Meditation mit dem Deck:** Halte die Karten in deinen Händen und meditiere, um ihre Energie neu zu verbinden.

Dein persönlicher Zugang zu den Engeln

Engelskarten und Orakel sind wunderbare Werkzeuge, um die Präsenz der Engel in deinem Leben zu spüren. Indem du sie regelmäßig verwendest, stärkst du deine Intuition, gewinnst Klarheit und vertiefst deine Verbindung zur Engelswelt. Lass dich von diesen Karten inspirieren, führen und ermutigen – denn sie sind ein Fenster zur göttlichen Weisheit.

Kapitel 15: Ein persönliches Engelsjournal führen – Vorlagen und Inspiration

Einführung: Warum ein Engelsjournal dein spiritueller Begleiter sein kann

Ein Engelsjournal ist weit mehr als ein Notizbuch. Es ist ein heiliger Raum, in dem du deine Erfahrungen, Einsichten und Botschaften festhalten kannst. Durch das Schreiben kannst du nicht nur deine Verbindung zu den Engeln vertiefen, sondern auch Muster und Botschaften erkennen, die dir vorher vielleicht verborgen geblieben wären.

1. Die Vorteile eines Engelsjournals

1. **Reflexion:** Das Aufschreiben deiner Gedanken und Erlebnisse hilft dir, Klarheit zu gewinnen.

2. **Langfristige Dokumentation:** Ein Journal ermöglicht es dir, deine spirituelle Entwicklung über die Zeit zu verfolgen.

3. **Intensivierte Verbindung:** Durch das bewusste Festhalten deiner Engelskontakte verstärkst du deine Verbindung zur Engelswelt.

2. Dein persönlicher Raum der Hingabe

Ein Engelsjournal ist ein Ausdruck deiner Hingabe und ein Ort, an dem du dich frei und ohne Urteil ausdrücken kannst. Es ist ein Werkzeug, um die Präsenz der Engel in deinem Leben zu feiern.

Wie du dein Engelsjournal aufbaust

1. Die Wahl des richtigen Journals

1. **Design:** Wähle ein Notizbuch, das dich anspricht — vielleicht eines mit spirituellen Symbolen oder einem schönen Einband.

2. **Qualität:** Achte darauf, dass das Papier hochwertig ist, damit du gerne darin schreibst.

2. Die Struktur deines Journals

1. **Tägliche Einträge:** Reserviere Platz für tägliche Reflexionen und Botschaften.

2. **Besondere Erlebnisse:** Widme Seiten für bedeutende Begegnungen oder Meditationserfahrungen.

3. **Inspirierende Zitate und Gebete:** Ergänze dein Journal mit Zitaten oder Gebeten, die dich berühren.

3. Kreative Elemente hinzufügen

1. **Zeichnungen:** Male Symbole oder Bilder, die dir in deinen Meditationen erscheinen.

2. **Collagen:** Klebe Bilder oder Symbole ein, die Engelsenergie repräsentieren.

3. **Farbige Marker:** Verwende Farben, um deine Einträge hervorzuheben oder zu organisieren.

Beispiele für Journalvorlagen

1. Tagesreflexion

1. **Frage:** „Welche Botschaft haben die Engel heute für mich?"

2. **Abschnitt:** Schreibe, was dir in Meditationen oder durch Karten gezogen wurde, auf.

3. **Dankbarkeit:** Liste drei Dinge auf, für die du heute dankbar bist.

2. Wochenübersicht

1. **Thema:** Was war das Hauptthema, das die Engel diese Woche vermittelt haben?

2. **Herausforderungen:** Welche Hindernisse hast du überwunden?

3. **Wünsche:** Was möchtest du in der kommenden Woche manifestieren?

3. Meditationstagebuch

1. **Datum und Zeit:** Notiere, wann du meditiert hast.

2. **Gefühle:** Beschreibe, wie du dich während und nach der Meditation gefühlt hast.

3. **Botschaften:** Halte alle Bilder, Worte oder Eindrücke fest, die du erhalten hast.

Rituale rund um dein Engelsjournal

1. Das Journal segnen

Bevor du dein Journal verwendest, widme es den Engeln. Halte es in deinen Händen und sprich: „Möge dieses Journal ein heiliger Raum für Wahrheit, Liebe und göttliche Führung sein."

2. Regelmäßige Reinigung

Reinige dein Journal energetisch, indem du es in Räucherwerk wie Salbei oder Palo Santo hältst.

3. Dein Schreibplatz

Schaffe einen festen Platz für dein Journal, an dem du dich inspiriert und verbunden fühlst. Dekoriere diesen Ort mit Kerzen, Kristallen oder Blumen.

Wie du aus deinem Journal lernst

1. Regelmäßige Rückschau

Blättere durch ältere Einträge und schaue, wie sich deine Verbindung zu den Engeln entwickelt hat. Achte auf Muster oder wiederkehrende Botschaften.

2. Erkenntnisse nutzen

Verwende die Einsichten aus deinem Journal, um Entscheidungen zu treffen oder neue Praktiken in deinen Alltag zu integrieren.

Dein heiliger Raum der Engel

Ein Engelsjournal ist mehr als nur ein Buch – es ist dein Begleiter, dein Lehrer und dein Spiegel. Es zeigt dir nicht nur, wie weit du bereits auf deinem spirituellen Weg gekommen bist, sondern erinnert dich auch daran, dass die Engel immer bei dir sind. Halte ihre Botschaften fest und lasse dich von ihrer Weisheit leiten.

Kapitel 16: Engel und ihre Symbole – Die geheime Sprache der himmlischen Helfer

Einführung: Die Symbolik der Engel verstehen

Engel kommunizieren oft durch Symbole, die voller tiefer Bedeutungen und Botschaften sind. Diese Zeichen erscheinen uns in Träumen, Visionen oder sogar im Alltag und dienen als Mittel, durch das die Engel ihre Weisheit mit uns teilen. In diesem Kapitel erfährst du, wie du die Symbole der Engel erkennen, interpretieren und in deinem Leben anwenden kannst.

Die Sprache der Engel: Warum Symbole?

Symbole sind universelle Ausdrucksformen, die über Kulturen und Sprachen hinweg verstanden werden können. Engel nutzen sie, um ihre Botschaften subtil, aber kraftvoll zu übermitteln.

1. Die Bedeutung von Symbolen in der Engelsarbeit

1. **Universelle Sprache:** Symbole sprechen unsere Intuition und unser Unterbewusstsein an, ohne dass Worte notwendig sind.

2. **Schwingungen und Energie:** Jedes Symbol trägt eine bestimmte Schwingung, die auf einer energetischen Ebene wirkt.

2. Beispiele für Engelszeichen im Alltag

1. **Federn:** Eine weiße Feder kann ein Zeichen dafür sein, dass Engel in deiner Nähe sind.

2. **Zahlenfolgen:** Wiederkehrende Zahlen wie 111 oder 444 sind Botschaften mit spezifischen Bedeutungen.

3. **Lichtphänomene:** Ein plötzliches Leuchten oder ein Regenbogen kann auf die Präsenz von Engeln hinweisen.

Wichtige Engelsymbole und ihre Bedeutungen

Engel verwenden eine Vielzahl von Symbolen, die jeweils eine eigene Bedeutung haben. Hier sind einige der häufigsten Symbole:

1. Federn

1. **Weiß:** Zeichen von Reinheit, Schutz und Führung.

2. **Grau:** Eine Erinnerung, dass Engel auch in schwierigen Zeiten bei dir sind.

3. **Bunt:** Ein Hinweis auf Freude und Fülle.

2. Zahlenfolgen

1. **111:** Neue Anfänge und Manifestationen.

2. **222:** Balance und Harmonie.

3. **333:** Unterstützung durch die göttliche Dreifaltigkeit.

4. **444:** Schutz und Führung durch die Engel.

3. Tiere als Botschafter

1. **Schmetterlinge:** Transformation und spirituelles Wachstum.

2. **Vögel:** Freiheit und göttliche Botschaften.

3. **Hirsche:** Sanftmut und Führung.

4. Lichtphänomene

1. **Orbs:** Kleine Lichtkugeln, die oft in Fotografien erscheinen, können Engelsenergie darstellen.

2. **Sonnenstrahlen:** Ein Zeichen für göttlichen Segen.

Symbole in Träumen und Visionen

Träume und Visionen sind mächtige Werkzeuge, durch die Engel kommunizieren. Sie nutzen oft Symbole, um komplexe Botschaften zu übermitteln.

1. Häufige Symbole in Träumen

1. **Treppen:** Ein Aufstieg oder Fortschritt auf deinem spirituellen Weg.

2. **Türen:** Neue Möglichkeiten oder notwendige Entscheidungen.

3. **Lichtquellen:** Ein Zeichen für göttliche Führung.

2. Wie du deine Träume analysierst

1. **Traumtagebuch führen:** Schreibe deine Träume sofort nach dem Aufwachen auf.

2. **Wiederkehrende Symbole beachten:** Sie könnten auf ein wichtiges Thema in deinem Leben hinweisen.

3. **Intuition nutzen:** Frage dich, was das Symbol für dich persönlich bedeutet.

Die Anwendung von Engelsymbolen im Alltag

Engelsymbole können nicht nur interpretiert, sondern auch aktiv genutzt werden, um ihre Energie in dein Leben zu bringen.

1. Rituale mit Symbolen

1. **Zeichnen:** Male oder zeichne Engelsymbole, um dich mit ihrer Energie zu verbinden.

2. **Altargestaltung:** Verwende Symbole wie Federn, Steine oder Kerzen auf deinem Engelaltar.

3. **Meditation:** Visualisiere ein bestimmtes Symbol während deiner Meditation, um seine Energie zu aktivieren.

2. Schmuck und Accessoires

1. **Amulette:** Trage ein Schmuckstück mit einem Engelsymbol, um dich ständig mit dieser Energie zu verbinden.

2. **Dekoration:** Platziere Engelsymbole in deinem Zuhause, um einen heiligen Raum zu schaffen.

3. Kreative Anwendungen

1. **Kunst:** Lass dich von Engelsymbolen inspirieren, um Gemälde, Skulpturen oder andere kreative Werke zu schaffen.

2. **Schreiben:** Verwende Engelsymbole als Inspiration für Gedichte, Geschichten oder Affirmationen.

Symbole als Werkzeuge der Manifestation

Engelsymbole können auch genutzt werden, um deine Wünsche und Absichten zu manifestieren. Ihre hohe Schwingung unterstützt dich dabei, positive Veränderungen in dein Leben zu ziehen.

1. Schritt-für-Schritt-Anleitung zur Manifestation

1. **Absicht klären:** Definiere klar, was du manifestieren möchtest.

2. **Symbol wählen:** Wähle ein Symbol, das deine Absicht repräsentiert.

3. **Ritual durchführen:** Verwende das Symbol in einem Ritual, z. B., indem du es zeichnest oder visualisierst.

4. **Dankbarkeit ausdrücken:** Bedanke dich bei den Engeln für ihre Unterstützung.

2. Beispiele für Manifestationssymbole

1. **Sterne:** Für Hoffnung und Inspiration.

2. **Kreise:** Für Ganzheit und Unendlichkeit.

3. **Flügel:** Für Freiheit und Schutz.

Die Entwicklung deiner eigenen Symbolsprache

Mit der Zeit wirst du feststellen, dass Engel auf einzigartige Wiese mit dir kommunizieren. Deine persönliche Symbolsprache wird sich entwickeln, wenn du achtsam und offen bleibst.

1. Wie du deine Symbolsprache entwickelst

1. **Aufmerksamkeit schulen:** Achte auf wiederkehrende Symbole in deinem Alltag.

2. **Notizen machen:** Halte fest, welche Symbole dir besonders auffallen und was sie bedeuten könnten.

3. **Experimentieren:** Probiere verschiedene Techniken aus, um mit den Symbolen zu arbeiten.

2. Vertrauen in deine Intuition

Engel kommunizieren oft auf subtile Weise. Vertraue darauf, dass die Symbole, die dir auffallen, genau die richtigen für dich sind.

Die geheime Sprache der Engel verstehen

Engelsymbole sind eine wunderbare Möglichkeit, die göttliche Präsenz in deinem Leben zu spüren und ihre Botschaften zu entschlüsseln. Indem du dich mit diesen Symbolen beschäftigst, öffnest du dich für eine tiefere Verbindung zur Engelswelt. Lass dich von ihrer Weisheit leiten und erkenne die Zeichen, die sie dir schenken.

Kapitel 17: Eine Welt mit Engeln erschaffen – Visionen für eine harmonische Zukunft

Einführung: Die kollektive Kraft der Engelsenergie

Engel sind nicht nur für das individuelle Leben von Bedeutung, sondern auch für das kollektive Bewusstsein der Menschheit. Ihre Energie inspiriert uns, eine harmonische Welt zu erschaffen, in der Liebe, Mitgefühl und gegenseitige Unterstützung im Mittelpunkt stehen. Dieses Kapitel zeigt dir, wie die Verbindung zur Engelsenergie nicht nur dein eigenes Leben, sondern auch die Welt transformieren kann.

Die Vision einer harmonischen Zukunft

Engel erinnern uns daran, dass eine friedliche und harmonische Welt möglich ist, wenn wir uns auf die Kraft der Liebe und des Lichts konzentrieren.

1. Prinzipien einer von Engeln inspirierten Welt

1. **Liebe als Fundament:** Jede Handlung basiert auf Liebe und Mitgefühl.

2. **Gemeinschaft:** Menschen arbeiten zusammen, um einander zu unterstützen und die Welt zu verbessern.

3. **Spiritualität im Alltag:** Engelenergie wird in täglichen Entscheidungen und Interaktionen integriert.

2. Die Rolle jedes Einzelnen

1. **Verantwortung übernehmen:** Jeder Mensch hat die Fähigkeit, Licht und Liebe in die Welt zu tragen.

2. **Vorbild sein:** Indem du die Prinzipien der Engel lebst, inspirierst du andere, es dir gleichzutun.

Die kollektive Wirkung der Engelsenergie

Wenn viele Menschen gleichzeitig mit den Engeln arbeiten, entsteht eine starke kollektive Energie, die Heilung und Transformation bewirken kann.

1. Globale Meditationen und Rituale

1. **Weltweite Meditationen:** Veranstaltungen, bei denen Menschen gleichzeitig für Frieden und Heilung beten.

2. **Rituale für die Erde:** Zeremonien, die darauf abzielen, die Erde und ihre Bewohner energetisch zu unterstützen.

2. Projekte für eine bessere Welt

1. **Engelzentren:** Orte, an denen Menschen Engelsenergie erleben und lernen können, sie in ihrem Leben anzuwenden.

2. **Umweltschutz:** Engel inspirieren uns, die Natur zu ehren und zu schützen.

Wie Engel dich im Alltag inspirieren können

Engel sind nicht nur in besonderen Momenten präsent, sondern begleiten dich auch in den kleinen, alltäglichen Situationen.

1. Entscheidungen treffen

1. **Intuition stärken:** Engel helfen dir, auf dein Bauchgefühl zu hören.

2. **Klarheit finden:** Ihre Energie bringt Licht in komplexe oder verwirrende Situationen.

2. Mitgefühl zeigen

1. **Anderen helfen:** Engel ermutigen dich, Mitgefühl und Unterstützung anzubieten.

2. **Selbstliebe praktizieren:** Sie erinnern dich daran, dass auch du Liebe und Fürsorge verdienst.

Praktische Schritte zur Integration der Engelsenergie

1. Dankbarkeit üben

1. **Tägliche Dankbarkeitsrituale:** Liste jeden Tag drei Dinge auf, für die du dankbar bist.

2. **Dankgebete:** Bedanke dich bei den Engeln für ihre Unterstützung und Führung.

2. Kreativität nutzen

1. **Engelsinspirierte Projekte:** Schreibe, male oder musiziere, inspiriert von der Energie der Engel.

2. **Teilen:** Teile deine kreativen Werke, um andere zu inspirieren.

Die Engel und die Vision einer harmonischen Zukunft

Die Engel laden uns ein, gemeinsam an einer Welt zu arbeiten, die von Liebe und Licht durchdrungen ist. Indem wir ihre Energie in unser eigenes Leben integrieren und mit anderen teilen, tragen wir dazu bei, diese Vision Wirklichkeit werden zu lassen.

Kapitel 18: Hindernisse und Zweifel – Die Balance zwischen Glauben und Realität

Einführung: Herausforderungen auf dem Weg der Engelsverbindung

Die Verbindung zu den Engeln ist eine Reise, die voller Wunder und Inspiration sein kann. Doch wie jeder spirituelle Weg bringt auch diese Reise Herausforderungen mit sich. Hindernisse, Zweifel und innere Blockaden können auftreten und dich manchmal daran zweifeln lassen, ob die Engel wirklich bei dir sind. In diesem Kapitel erforschen wir, warum solche Hürden entstehen, wie du mit ihnen umgehen kannst und wie du dein Vertrauen in die Engelswelt stärkst.

Warum wir manchmal keine Engel spüren

Es gibt Zeiten, in denen wir die Präsenz der Engel nicht wahrnehmen können. Dies kann viele Gründe haben, die oft mit unserem eigenen Zustand oder äußeren Einflüssen zusammenhängen.

1. Innere Blockaden

1. **Emotionale Belastung:** Stress, Traurigkeit oder Angst können unsere Wahrnehmung trüben.

2. **Zweifel und Skepsis:** Selbst kleine Zweifel können die Verbindung zu den Engeln schwächen.

3. **Energieungleichgewicht:** Ein blockiertes Chakra oder ein gestörtes Energiefeld kann die Kommunikation erschweren.

2. Äußere Einflüsse

1. **Ablenkungen:** Hektik und Überforderung im Alltag machen es schwer, die feinen Botschaften der Engel wahrzunehmen.

2. **Negative Energien:** Menschen oder Orte mit niedrigen Schwingungen können die Engelsverbindung stören.

3. **Technologie:** Übermäßiger Konsum von digitalen Medien kann uns von unserer Intuition und den Engelsenergien entfremden.

Umgang mit Hindernissen auf deinem Weg

Hindernisse sind ein natürlicher Teil jeder spirituellen Reise. Sie bieten dir die Möglichkeit, zu wachsen und deine Verbindung zu den Engeln zu vertiefen.

1. Akzeptanz üben

1. **Erkenne die Phase an:** Es ist normal, manchmal weniger verbunden zu sein. Akzeptiere diese Momente, ohne dich selbst zu verurteilen.

2. **Geduld entwickeln:** Engel arbeiten oft auf subtilen Ebenen, die sich nicht immer sofort zeigen.

2. Dein Energiefeld klären

1. **Räucherwerk:** Verwende Salbei oder Palo Santo, um dich und deinen Raum energetisch zu reinigen.

2. **Kristalle:** Trage oder meditiere mit Steinen wie Amethyst oder Selenit, um deine Schwingung zu erhöhen.

3. **Meditation:** Setze dich in einen ruhigen Raum, atme tief ein und stelle dir vor, wie weißes Licht dein Energiefeld reinigt.

3. Intuition und Vertrauen stärken

1. **Tagebuch führen:** Schreibe deine Erfahrungen auf, um Muster und Fortschritte zu erkennen.

2. **Affirmationen:** Wiederhole Sätze wie „Ich bin offen für die Botschaften der Engel" oder „Ich vertraue auf die göttliche Führung".

3. **Visualisierung:** Stelle dir vor, wie Engel dich umgeben und ihre Energie in dein Herz fließt.

Umgang mit Skepsis – Die Balance zwischen Glauben und Vernunft

Skepsis ist nicht unbedingt negativ. Sie kann dir helfen, deinen Weg kritisch zu hinterfragen und tiefer zu verstehen.

1. Gesunde Skepsis zulassen

1. **Prüfen:** Hinterfrage deine Erfahrungen und suche nach Mustern, die deine Verbindung zu den Engeln bestätigen.

2. **Bewusstsein schärfen:** Unterscheide zwischen echten Engelsbotschaften und deinen eigenen Gedanken oder Wünschen.

2. Die Rolle der Wissenschaft

1. **Quantenphysik und Energie:** Wissenschaftliche Ansätze zeigen, dass alles im Universum aus Energie besteht. Engel könnten eine höhere Form dieser Energie sein.

2. **Psychologie und Intuition:** Studien belegen, dass intuitive Wahrnehmungen tief in unserem Unterbewusstsein verwurzelt sind.

3. Spiritualität und Logik verbinden

1. **Offenheit bewahren:** Sei bereit, neue Perspektiven zu erkunden, ohne deine eigenen Überzeugungen aufzugeben.

2. **Erfahrungen sammeln:** Deine eigenen Erlebnisse mit den Engeln sind die stärkste Basis für deinen Glauben.

Schutz vor Selbsttäuschung und unrealistischen Erwartungen

Es ist wichtig, auf deinem Weg zur Engelsverbindung wachsam zu bleiben, um Missverständnisse oder Selbsttäuschung zu vermeiden.

1. Zeichen richtig deuten

1. **Geduld üben:** Nicht jedes Ereignis ist ein Zeichen der Engel. Lasse dir Zeit, um Botschaften zu interpretieren.

2. **Intuition nutzen:** Vertraue deinem Bauchgefühl, um zwischen echten Engelsbotschaften und Zufällen zu unterscheiden.

2. Realistische Erwartungen setzen

1. **Präsenz der Engel:** Engel sind immer bei dir, aber sie greifen nur ein, wenn es deinem höchsten Wohl dient.

2. **Eigene Verantwortung:** Engel unterstützen dich, aber du musst selbst aktiv werden, um Veränderungen herbeizuführen.

Praktische Tipps zur Überwindung von Blockaden

Wenn du das Gefühl hast, dass deine Verbindung zu den Engeln blockiert ist, gibt es einfache Techniken, die dir helfen können.

1. Erdung und Zentrierung

1. **Barfußlaufen:** Gehe barfuß auf der Erde, um dich mit ihrer Energie zu verbinden.

2. **Atemübungen:** Atme tief ein und aus, um deinen Geist zu beruhigen und dich zu fokussieren.

2. Verbindung zur Natur

1. **Spaziergänge:** Verbringe Zeit in der Natur, um dich mit der reinen Energie der Engel zu verbinden.

2. **Elemente spüren:** Bade im Licht der Sonne oder lausche dem Wind, um die Präsenz der Engel zu fühlen.

3. Kreativität entfalten

1. **Malen:** Male Bilder, die dich an Engel erinnern, um deine Energie zu heben.

2. **Schreiben:** Verfasse Briefe an die Engel, in denen du deine Gedanken und Wünsche teilst.

Hindernisse als Chance zur Vertiefung

Hindernisse und Zweifel sind keine Barrieren, sondern Gelegenheiten, deinen spirituellen Weg zu vertiefen. Die Engel sind immer bei dir, auch wenn du sie nicht spürst. Indem du geduldig und offen bleibst, kannst du deine Verbindung zu ihnen stärken und neue Ebenen der Erkenntnis und des Vertrauens erreichen.

Kapitel 19: Eine Welt mit Engeln erschaffen – Visionen für eine harmonische Zukunft

Einführung: Die kollektive Kraft der Engelsenergie

Engel sind nicht nur für das individuelle Leben von Bedeutung, sondern auch für das kollektive Bewusstsein der Menschheit. Ihre Energie inspiriert uns, eine harmonische Welt zu erschaffen, in der Liebe, Mitgefühl und gegenseitige Unterstützung im Mittelpunkt stehen. Dieses Kapitel zeigt dir, wie die Verbindung zur Engelsenergie nicht nur dein eigenes Leben, sondern auch die Welt transformieren kann.

Die Vision einer harmonischen Zukunft

Engel erinnern uns daran, dass eine friedliche und harmonische Welt möglich ist, wenn wir uns auf die Kraft der Liebe und des Lichts konzentrieren.

1. Prinzipien einer von Engeln inspirierten Welt

1. **Liebe als Fundament:** Jede Handlung basiert auf Liebe und Mitgefühl.

2. **Gemeinschaft:** Menschen arbeiten zusammen, um einander zu unterstützen und die Welt zu verbessern.

3. **Spiritualität im Alltag:** Engelenergie wird in täglichen Entscheidungen und Interaktionen integriert.

2. Die Rolle jedes Einzelnen

1. **Verantwortung übernehmen:** Jeder Mensch hat die Fähigkeit, Licht und Liebe in die Welt zu tragen.

2. **Vorbild sein:** Indem du die Prinzipien der Engel lebst, inspirierst du andere, es dir gleichzutun.

Die kollektive Wirkung der Engelsenergie

Wenn viele Menschen gleichzeitig mit den Engeln arbeiten, entsteht eine starke kollektive Energie, die Heilung und Transformation bewirken kann.

1. Globale Meditationen und Rituale

1. **Weltweite Meditationen:** Veranstaltungen, bei denen Menschen gleichzeitig für Frieden und Heilung beten.

2. **Rituale für die Erde:** Zeremonien, die darauf abzielen, die Erde und ihre Bewohner energetisch zu unterstützen.

2. Projekte für eine bessere Welt

1. **Engelzentren:** Orte, an denen Menschen Engelsenergie erleben und lernen können, sie in ihrem Leben anzuwenden.

2. **Umweltschutz:** Engel inspirieren uns, die Natur zu ehren und zu schützen.

Wie Engel dich im Alltag inspirieren können

Engel sind nicht nur in besonderen Momenten präsent, sondern begleiten dich auch in den kleinen, alltäglichen Situationen.

1. Entscheidungen treffen

1. **Intuition stärken:** Engel helfen dir, auf dein Bauchgefühl zu hören.

2. **Klarheit finden:** Ihre Energie bringt Licht in komplexe oder verwirrende Situationen.

2. Mitgefühl zeigen

1. **Anderen helfen:** Engel ermutigen dich, Mitgefühl und Unterstützung anzubieten.

2. **Selbstliebe praktizieren:** Sie erinnern dich daran, dass auch du Liebe und Fürsorge verdienst.

Praktische Schritte zur Integration der Engelsenergie

1. Dankbarkeit üben

1. **Tägliche Dankbarkeitsrituale:** Liste jeden Tag drei Dinge auf, für die du dankbar bist.

2. **Dankgebete:** Bedanke dich bei den Engeln für ihre Unterstützung und Führung.

2. Kreativität nutzen

1. **Engelsinspirierte Projekte:** Schreibe, male oder musiziere, inspiriert von der Energie der Engel.

2. **Teilen:** Teile deine kreativen Werke, um andere zu inspirieren.

Die Engel und die Vision einer harmonischen Zukunft

Die Engel laden uns ein, gemeinsam an einer Welt zu arbeiten, die von Liebe und Licht durchdrungen ist. Indem wir ihre Energie in unser eigenes Leben integrieren und mit anderen teilen, tragen wir dazu bei, diese Vision Wirklichkeit werden zu lassen.

Kapitel 20: Dankbarkeit und Vertrauen – Deine stärksten Verbindungen zu den Engeln

Einführung: Warum Dankbarkeit und Vertrauen die Schlüssel zur Engelswelt sind

Dankbarkeit und Vertrauen sind die Brücken, die uns tiefer in die Welt der Engel führen. Diese beiden Qualitäten öffnen unsere Herzen und ermöglichen es uns, die göttliche Führung und Unterstützung der Engel vollständig zu empfangen. In diesem Kapitel erforschen wir, wie du Dankbarkeit und Vertrauen kultivieren kannst, um eine starke und dauerhafte Verbindung zu den Engeln aufzubauen.

Die Kraft der Dankbarkeit

Dankbarkeit ist eine der höchsten Schwingungen, die wir als Menschen erleben können. Sie zieht nicht nur positive Energien in unser Leben, sondern verstärkt auch die Verbindung zu den Engeln.

1. Wie Dankbarkeit die Engelsverbindung stärkt

1. **Erhöhte Schwingung:** Dankbarkeit bringt dich in einen Zustand der Freude und Offenheit, der es den Engeln erleichtert, mit dir zu kommunizieren.

2. **Anerkennung der Präsenz:** Wenn du dankbar bist, zeigst du den Engeln, dass du ihre Zeichen und Botschaften wahrnimmst und wertschätzt.

3. **Schöpferkraft:** Dankbarkeit lenkt deine Energie auf das, was du bereits hast, und zieht mehr davon in dein Leben.

2. Praktiken der Dankbarkeit

1. **Dankbarkeitstagebuch:** Schreibe jeden Tag drei Dinge auf, für die du dankbar bist, besonders in Bezug auf Engelsführungen.

2. **Dankgebete:** Richte Gebete oder Affirmationen an die Engel, in denen du dich für ihre Unterstützung bedankst.

3. **Rituale:** Zünde eine Kerze an und denke bewusst an die Engel, die dich begleiten, während du deine Dankbarkeit ausdrückst.

Vertrauen als Fundament deiner Engelsverbindung

Vertrauen ist der Glaube daran, dass die Engel immer zu deinem höchsten Wohl handeln, auch wenn du ihre Pläne nicht sofort verstehst.

1. Warum Vertrauen so wichtig ist

1. **Geduld in schwierigen Zeiten:** Vertrauen hilft dir, auch in Momenten der Unsicherheit an der Präsenz der Engel festzuhalten.

2. **Loslassen von Kontrolle:** Es erlaubt dir, die Führung der Engel anzunehmen, ohne ständig nach Beweisen zu suchen.

3. **Stärkung der Intuition:** Wenn du den Engeln vertraust, stärkst du automatisch deine eigene Intuition und Wahrnehmung.

2. Wege, Vertrauen zu stärken

1. **Meditation:** Setze dich in Stille und visualisiere, wie Engel dich umgeben und dich mit Vertrauen erfüllen.

2. **Erfahrungen sammeln:** Notiere dir alle kleinen und großen Momente, in denen du das Eingreifen der Engel gespürt hast.

3. **Engelskarten:** Ziehe täglich eine Engelskarte, um Botschaften zu empfangen und dein Vertrauen in ihre Führung zu vertiefen.

Dankbarkeit und Vertrauen im Alltag leben

Dankbarkeit und Vertrauen sind nicht nur spirituelle Konzepte, sondern können aktiv in deinen Alltag integriert werden, um deine Verbindung zu den Engeln zu vertiefen.

1. Morgendliche Rituale

1. **Dankbarkeitsmantra:** Beginne deinen Tag mit einem Satz wie „Ich bin dankbar für die Führung und Liebe der Engel."

2. **Visualisierung:** Stelle dir vor, wie Engel dich durch den Tag begleiten und dir bei allen Herausforderungen helfen.

2. Abendliche Reflexion

1. **Tagebuch:** Schreibe auf, wo du die Präsenz der Engel gespürt hast und wofür du dankbar bist.

2. **Gebet:** Danke den Engeln für ihre Unterstützung und bitte sie, weiterhin an deiner Seite zu bleiben.

3. Zeichen der Engel erkennen

1. **Achtsamkeit:** Sei aufmerksam für kleine Wunder, Zufälle oder Zeichen, die dir die Engel schicken.

2. **Freude teilen:** Teile deine Erfahrungen mit anderen, um auch sie zu inspirieren, auf die Engel zu vertrauen.

Übungen zur Vertiefung von Dankbarkeit und Vertrauen

1. Meditation der Dankbarkeit

1. **Vorbereitung:** Setze dich an einen ruhigen Ort, zünde eine Kerze an und schließe die Augen.

2. **Visualisierung:** Stelle dir vor, wie ein warmes, goldenes Licht dein Herz erfüllt und dich mit tiefer Dankbarkeit durchströmt.

3. **Engel einladen:** Lade die Engel ein, mit dir zu sein, und sprich innerlich aus, wofür du ihnen dankbar bist.

2. Vertrauensritual

1. **Symbol:** Wähle ein Symbol, das Vertrauen für dich repräsentiert, z. B. eine Feder oder einen Kristall.

2. **Ritual:** Halte das Symbol in der Hand, während du die Engel bittest, dein Vertrauen zu stärken. Spüre, wie deine Zweifel losgelassen werden.

3. **Abschluss:** Bedanke dich bei den Engeln und lege das Symbol an einen Ort, an dem du es regelmäßig siehst.

Dankbarkeit und Vertrauen als Weg zur Heilung

Engel arbeiten oft durch Dankbarkeit und Vertrauen, um Heilung auf allen Ebenen zu fördern.

1. Emotionale Heilung

1. **Loslassen von Angst:** Dankbarkeit hilft dir, dich auf das Positive zu konzentrieren und Angst loszulassen.

2. **Förderung von Selbstliebe:** Vertrauen in die Engel stärkt auch dein Vertrauen in dich selbst.

2. Physische Heilung

1. **Visualisierung:** Stelle dir vor, wie Engelsenergie durch deinen Körper fließt und Heilung bringt.

2. **Rituale:** Verwende Engelsymbole oder -essenzen, um Heilenergie zu aktivieren.

Dankbarkeit und Vertrauen als Schlüssel zur Engelswelt

Dankbarkeit und Vertrauen sind mächtige Werkzeuge, um deine Verbindung zu den Engeln zu vertiefen. Indem du diese Qualitäten in dein Leben integrierst, öffnest du dich für die wunderbaren Geschenke, die die Engel dir bringen möchten. Lass dich von ihrer Liebe und Weisheit leiten und vertraue darauf, dass sie immer an deiner Seite sind.

Kapitel 21: Engel und die Harmonie mit der Erde

Einführung: Engel und ihre Verbindung zur Natur

Die Engel haben nicht nur eine tiefe Verbindung zu uns Menschen, sondern auch zur Erde selbst. Ihre Energie durchdringt alles Lebendige und unterstützt die Harmonie zwischen Mensch, Tier, Pflanzenwelt und den Elementen. In diesem Kapitel erfährst du, wie die Engel mit der Natur interagieren, wie sie dir helfen können, die Erde zu ehren, und wie du ihre Botschaften nutzen kannst, um im Einklang mit der Natur zu leben.

Die Rolle der Engel als Beschützer der Erde

Engel wirken als Hüter der natürlichen Ordnung und des Gleichgewichts auf unserem Planeten. Sie inspirieren uns, achtsam mit den Ressourcen der Erde umzugehen und eine harmonische Beziehung zu unserer Umwelt aufzubauen.

1. Die Engel der Elemente

1. **Erzengel Raphael:** Verbunden mit der Heilung der Erde und allem Lebendigen.

2. **Erzengel Uriel:** Wächter der Erdelemente und der Stabilität.

3. **Elementarwesen:** Naturengel wie Devas oder Feen, die mit Pflanzen und Tieren arbeiten.

2. Botschaften der Engel zur Erhaltung der Natur

1. **Schutz der Wälder:** Engel ermutigen uns, Bäume und Wälder zu respektieren, da sie Lebensräume und Energiefelder sind.

2. **Wasser als heiliges Element:** Sie erinnern uns daran, Wasser als Quelle des Lebens zu ehren.

3. **Respekt für alle Lebewesen:** Engel lehren uns, dass Tiere, Pflanzen und Menschen alle Teil eines größeren Ganzen sind.

Wie Engel dir helfen können, die Natur zu ehren

Die Engel bieten dir Werkzeuge und Rituale, um dich mit der Energie der Erde zu verbinden und sie zu schützen.

1. Rituale für die Erde

1. **Meditation mit den Elementen:** Setze dich an einen natürlichen Ort und meditiere über Erde, Wasser, Feuer und Luft.

2. **Dankbarkeitsritual:** Bedanke dich bei der Erde und den Engeln für ihre Gaben, indem du Blumen pflanzt oder Müll sammelst.

2. Heilung für die Natur senden

1. **Visualisierung:** Stelle dir vor, wie Engelslicht die Erde umhüllt und alle Wunden heilt.

2. **Mantras:** Sprich Affirmationen wie „Möge die Erde in Liebe und Harmonie erstrahlen."

Deine Rolle als Hüter der Erde

Die Engel erinnern dich daran, dass auch du eine Verantwortung für den Planeten trägst. Durch kleine, bewusste Schritte kannst du Großes bewirken.

1. Nachhaltigkeit leben

1. **Weniger Plastik:** Reduziere Plastikverbrauch, um die Meere zu schützen.

2. **Lokale Produkte:** Unterstütze lokale Bauern, um Transportemissionen zu verringern.

2. Gemeinschaften inspirieren

1. **Engelskreise:** Gründe Gruppen, die gemeinsam für den Schutz der Natur beten oder arbeiten.

2. **Bildung:** Teile dein Wissen über Engel und ihre Verbindung zur Erde, um andere zu inspirieren.

Übungen zur Vertiefung deiner Verbindung mit der Natur und den Engeln

1. Naturmeditation

1. **Vorbereitung:** Finde einen ruhigen Platz in der Natur, z. B. einen Wald oder Strand.

2. **Visualisierung:** Stelle dir vor, wie Engelsenergie durch die Natur fließt und alles belebt.

3. **Botschaften empfangen:** Höre in die Stille und achte auf Zeichen oder Impulse der Engel.

2. Tagebuch der Naturwunder

1. **Beobachtungen notieren:** Schreibe jeden Tag auf, welche kleinen Wunder du in der Natur wahrgenommen hast.

2. **Dankbarkeit ausdrücken:** Notiere, wofür du dankbar bist, z. B. einen schönen Sonnenaufgang oder das Zwitschern der Vögel.

Die Erde und die Engel als Einheit begreifen

Engel erinnern uns daran, dass die Erde ein heiliger Ort ist, den wir schützen und ehren sollten. Indem wir uns mit der Natur verbinden und ihre Botschaften wahrnehmen, können wir nicht nur unser eigenes Leben bereichern, sondern auch zur Heilung und

Harmonie unseres Planeten beitragen. Lass uns gemeinsam mit den Engeln eine Welt schaffen, in der Liebe und Respekt für die Natur im Mittelpunkt stehen.

Kapitel 22: Die kollektive Heilung – Wie Engelsenergie die Menschheit transformiert

Einführung: Die Kraft der Engelsenergie für die Welt

Die Engel sind nicht nur persönliche Begleiter, sondern auch mächtige Energiewesen, die das kollektive Bewusstsein der Menschheit beeinflussen können. Ihre Botschaften und Schwingungen tragen dazu bei, Heilung und Transformation auf globaler Ebene zu bewirken. In diesem Kapitel erfährst du, wie die kollektive Engelsenergie wirkt, wie du Teil dieses Prozesses sein kannst und welche Auswirkungen dies auf die Menschheit hat.

Die Rolle der Engel in der kollektiven Transformation

Engel wirken als Katalysatoren für Frieden, Einheit und Liebe. Sie beeinflussen nicht nur einzelne Menschen, sondern auch Gemeinschaften, Nationen und die gesamte Menschheit.

1. Die Mission der Engel für die Menschheit

1. **Frieden stiften:** Engel arbeiten daran, Konflikte zu lösen und Harmonie zu schaffen.

2. **Bewusstsein erhöhen:** Sie fördern spirituelles Erwachen und ein tieferes Verständnis für die Verbundenheit aller Lebewesen.

3. **Heilung bringen:** Engelsenergie hilft, Wunden zu heilen, die durch Krieg, Ungerechtigkeit oder Umweltzerstörung entstanden sind.

2. Globale Engelsprojekte

1. **Engelsportale:** Orte auf der Erde, die mit hoher Engelsenergie aufgeladen sind und als Heilungszentren dienen.

2. **Kollektive Meditationen:** Weltweite Gebete und Meditationen, die von Engeln inspiriert werden, um positive Veränderungen herbeizuführen.

Die Wirkung von kollektiver Heilung

Kollektive Heilung entsteht, wenn viele Menschen gleichzeitig mit den Engeln arbeiten und ihre Energie bündeln. Dies erzeugt eine Welle von positiver Schwingung, die die Welt durchdringt.

1. Energie im kollektiven Bewusstsein

1. **Schwingungserhöhung:** Wenn viele Menschen sich mit Engelsenergie verbinden, steigt die Schwingung des kollektiven Bewusstseins.

2. **Lichtnetzwerk:** Die Engel schaffen ein energetisches Netzwerk aus Licht, das Menschen miteinander verbindet.

2. Beispiele für kollektive Heilung

1. **Naturkatastrophen:** Engel unterstützen bei der Heilung von Orten, die von Naturkatastrophen betroffen sind.

2. **Soziale Bewegungen:** Ihre Energie inspiriert Initiativen für Gerechtigkeit, Frieden und Umweltschutz.

Wie du Teil der kollektiven Heilung wirst

Jeder Mensch kann einen Beitrag zur kollektiven Heilung leisten, indem er sich mit der Engelsenergie verbindet und sie bewusst in die Welt sendet.

1. Praktiken für die Teilnahme

1. **Meditation:** Schließe dich weltweiten Meditationen an, die darauf abzielen, Heilung und Frieden zu fördern.

2. **Gebete:** Richte Gebete an die Engel, in denen du um Hilfe für die Menschheit bittest.

3. **Rituale:** Führe Rituale durch, die auf die Heilung der Erde und ihrer Bewohner abzielen.

2. Energiezentren aktivieren

1. **Lichtpunkte schaffen:** Errichte an deinem Wohnort einen kleinen Altar oder heiligen Raum, der mit Engelsenergie aufgeladen ist.

2. **Engelstafeln:** Verwende spezielle Tafeln oder Symbole, um Engelsenergie zu kanalisieren und in die Welt zu senden.

Die Auswirkungen der Engelsenergie auf die Menschheit

Die Engelsenergie hat transformative Auswirkungen, die auf verschiedenen Ebenen spürbar sind.

1. Spirituelles Erwachen

1. **Bewusstsein für Einheit:** Menschen erkennen ihre Verbundenheit mit allem, was ist.

2. **Stärkung der Intuition:** Viele entwickeln eine tiefere Verbindung zu ihrer inneren Weisheit.

2. Emotionale Heilung

1. **Loslassen von Angst:** Engelsenergie hilft, kollektive Ängste und Traumata zu lösen.

2. **Förderung von Mitgefühl:** Menschen öffnen sich für Liebe und Verständnis füreinander.

3. Gesellschaftliche Veränderungen

1. **Friedensinitiativen:** Engel inspirieren Bewegungen, die sich für Frieden und Gerechtigkeit einsetzen.

2. **Nachhaltigkeit:** Ihre Botschaften fördern ein Bewusstsein für Umweltschutz und Ressourcenschonung.

Übungen zur Unterstützung der kollektiven Heilung

1. Globale Meditation

1. **Vorbereitung:** Finde einen ruhigen Ort und schließe dich energetisch mit anderen Menschen weltweit zusammen.

2. **Visualisierung:** Stelle dir vor, wie Engelslicht die Erde umhüllt und alle Lebewesen heilt.

3. **Abschluss:** Bedanke dich bei den Engeln und lasse die Energie weiterfließen.

2. Lichtkreise organisieren

1. **Gruppe bilden:** Lade Freunde und Familie ein, um gemeinsam mit den Engeln zu meditieren.

2. **Thema wählen:** Konzentriert euch auf ein spezielles Thema, z. B. Frieden oder Heilung.

3. **Ritual durchführen:** Nutzt Kerzen, Kristalle oder Musik, um die Engelsenergie zu verstärken.

Geschichten der kollektiven Heilung

Viele Menschen haben bereits die transformative Kraft der Engelsenergie erlebt. Hier sind einige inspirierende Geschichten:

1. Heilung eines Dorfes

Ein kleines Dorf, das von Überschwemmungen betroffen war, erlebte eine unerwartete Welle von Unterstützung und Heilung, nachdem eine Gruppe von Menschen Engelsmeditationen für sie durchführte.

2. Frieden in Konfliktzonen

Engelskreise, die für Frieden beteten, berichteten von einer spürbaren Verbesserung der Lage in Konfliktregionen.

Gemeinsam mit den Engeln die Welt transformieren

Die kollektive Heilung durch Engelsenergie zeigt, dass wir alle eine Rolle in der Transformation der Menschheit spielen können. Indem wir uns mit den Engeln verbinden und ihre Botschaften in die Welt tragen, tragen wir dazu bei, eine Zukunft voller Liebe, Frieden und Harmonie zu erschaffen. Werde Teil dieser Bewegung und lass dich von den Engeln inspirieren, Großes zu bewirken.

Kapitel 23: Engel und persönliche Wunder – Wie du ihre Präsenz im Alltag spüren kannst

Einführung: Persönliche Wunder durch Engelsenergie erleben

Engel wirken nicht nur auf kollektiver Ebene, sondern auch in deinem persönlichen Leben. Sie sind dafür da, dir in allen Lebensbereichen beizustehen – sei es in Zeiten der Freude oder in Momenten der Herausforderung. In diesem Kapitel erfährst du, wie du die kleinen und großen Wunder erkennst, die Engel in deinem Leben bewirken, und wie du ihre Präsenz im Alltag spüren kannst.

Die Natur persönlicher Wunder

Wunder durch Engel sind oft subtil und unscheinbar. Sie können in Form von synchronen Ereignissen, plötzlichen Lösungen für Probleme oder einem tiefen Gefühl des Friedens auftreten.

1. Was sind persönliche Wunder?

1. **Synchronizität:** Begegnungen oder Ereignisse, die scheinbar zufällig, aber perfekt getimt sind.

2. **Plötzliche Heilung:** Eine Krankheit oder emotionale Wunde löst sich schneller auf als erwartet.

3. **Inspiration:** Eine unerwartete Idee oder Einsicht, die dich auf den richtigen Weg bringt.

2. Beispiele für Engelswunder

1. **Rettung in letzter Minute:** Ein Unfall wird durch eine unerklärliche Wendung verhindert.

2. **Unverhoffte Hilfe:** Unterstützung kommt genau dann, wenn du sie am meisten brauchst, sei es durch einen Fremden oder eine plötzliche Gelegenheit.

3. **Emotionale Heilung:** Ein tiefes Gefühl der Erleichterung oder des Verstehens erfüllt dich plötzlich.

Wie Engel im Alltag wirken

Engel kommunizieren oft durch Zeichen, die uns helfen, ihre Präsenz wahrzunehmen und ihre Führung anzunehmen.

1. Zeichen der Engel erkennen

1. **Federn:** Weiße Federn an unerwarteten Orten.

2. **Zahlen:** Wiederholte Zahlenfolgen wie 111 oder 444.

3. **Träume:** Klarheit und Führung durch Träume.

4. **Gefühle:** Plötzliches Gefühl von Wärme oder Frieden.

2. Die subtile Kommunikation der Engel

1. **Intuition:** Ein plötzlicher Impuls, der sich „richtig" anfühlt.

2. **Musik:** Lieder oder Melodien, die eine persönliche Bedeutung haben.

3. **Lichtphänomene:** Plötzliche Lichtblitze oder Farben im peripheren Blickfeld.

Übungen zur Wahrnehmung von Wundern im Alltag

1. Achtsamkeitspraxis

1. **Tägliche Reflexion:** Schreibe jeden Abend drei Dinge auf, die dir als „kleine Wunder" erschienen.

2. **Geführte Meditation:** Visualisiere, wie die Engelsenergie durch deinen Alltag fließt und kleine Wunder bewirkt. Schreibe deine Eindrücke in dein Tagebuch.

3. **2. Dankbarkeitsritual**

4. **Vorbereitung:** Wähle einen ruhigen Ort, zünde eine Kerze an und halte einen Gegenstand, der für dich eine besondere Bedeutung hat, wie einen Kristall oder eine Feder.

5. **Fokussierung:** Denke an einen Moment des Tages, der dir als Wunder erschien, und danke den Engeln für ihre Präsenz.

6. **Verankerung:** Behalte dieses Gefühl der Dankbarkeit und lasse es in deinen Alltag einfließen.

Wunder als alltägliche Begleiter

Die Engel erinnern uns daran, dass Wunder in jedem Moment unseres Lebens möglich sind, wenn wir offen und achtsam bleiben. Sie arbeiten stets im Hintergrund, um uns zu unterstützen und uns auf unserem Weg zu begleiten. Indem wir lernen, ihre subtilen Botschaften zu erkennen und dankbar zu sein, öffnen wir unser Herz für die wahre Magie des Lebens. Lass die Engel Teil deines Alltags sein, und du wirst feststellen, wie dein Leben von kleinen und großen Wundern durchdrungen wird.

Kapitel 24: Der Weg in die Einheit – Engel als Wegweiser zur kosmischen Verbindung

Einführung: Engel und die kosmische Einheit

Engel erinnern uns daran, dass wir alle Teil eines größeren Ganzen sind – der kosmischen Einheit. Sie helfen uns, die Grenzen des Egos zu überwinden und unsere Verbindung mit dem Universum zu erkennen. Dieses Kapitel zeigt dir, wie Engel als Wegweiser fungieren, um die Einheit mit allem, was ist, zu erfahren.

Die Bedeutung der Einheit im spirituellen Kontext

Einheit bedeutet, dass alles Leben miteinander verbunden ist. Engel arbeiten daran, uns diese Wahrheit bewusst zu machen und uns zu inspirieren, sie in unserem Leben zu leben.

1. Was ist kosmische Einheit?

1. **Verbundenheit aller Dinge:** Jedes Wesen, jeder Gedanke und jede Handlung beeinflusst das Ganze.

2. **Liebe als Bindeglied:** Die Liebe ist die Energie, die alle Teile des Universums miteinander verbindet.

2. Die Rolle der Engel in der Einheit

1. **Bewusstsein fördern:** Engel erwecken in uns das Verständnis für unsere Rolle im kosmischen Gefüge.

2. **Verbindung stärken:** Sie helfen uns, die Illusion der Trennung zu überwinden und in die Einheit zurückzukehren.

Schritte zur Erfahrung der Einheit

Die Engel bieten uns Werkzeuge und Praktiken, um die Einheit mit dem Universum zu erleben und zu vertiefen.

1. Meditation zur Einheit

1. **Vorbereitung:** Finde einen ruhigen Ort, schließe die Augen und atme tief ein und aus.

2. **Visualisierung:** Stelle dir vor, wie ein goldenes Licht dich mit allen Lebewesen verbindet.

3. **Abschluss:** Spüre die Liebe und Harmonie, die aus dieser Verbindung entstehen.

2. Praktiken der Selbstlosigkeit

1. **Dienen:** Hilf anderen, ohne eine Gegenleistung zu erwarten, und erkenne die Einheit im Geben und Empfangen.

2. **Dankbarkeit:** Drücke Dankbarkeit für alles aus, was das Universum dir bietet.

Die Engel und der kosmische Plan

Engel arbeiten im Einklang mit dem kosmischen Plan, der darauf abzielt, Liebe, Frieden und Harmonie im Universum zu fördern.

1. Was ist der kosmische Plan?

1. **Evolution des Bewusstseins:** Engel unterstützen die Menschheit dabei, ein höheres Bewusstsein zu erreichen.

2. **Harmonie schaffen:** Sie wirken darauf hin, dass alle Aspekte des Lebens in Einklang gebracht werden.

2. Deine Rolle im kosmischen Plan

1. **Deine Mission finden:** Engel helfen dir, deine individuelle Aufgabe im Universum zu erkennen.

2. **Mitgestalten:** Durch deine Handlungen und Entscheidungen trägst du zur Verwirklichung des kosmischen Plans bei.

Übungen zur Verbindung mit der kosmischen Einheit

1. Universelle Liebe entfalten

1. **Herzöffnung:** Visualisiere, wie dein Herz sich öffnet und Liebe in die Welt strömt.

2. **Engelsenergie senden:** Schicke diese Liebe bewusst an Orte oder Menschen, die Heilung benötigen.

2. Tagebuch der Einheit

1. **Reflexion:** Schreibe täglich auf, wie du dich mit der Welt und den Engeln verbunden fühlst.

2. **Intentionen setzen:** Formuliere Absichten, wie du die Einheit in deinem Alltag leben möchtest.

Die Engel als Brücke zur Einheit

Die Engel sind unsere Begleiter auf dem Weg zur kosmischen Einheit. Sie helfen uns, die Trennung zu überwinden und die Liebe, die das Universum durchdringt, vollständig zu erfahren. Durch ihre Führung können wir die Einheit nicht nur erkennen, sondern auch in unserem täglichen Leben leben.

Kapitel 25: Empfehlung für den Onlinekurs "Engel-Kontakt – sehen, berühren und hören!"

Einführung: Ein besonderer Weg zu tiefem Engelskontakt

Hast du jemals davon geträumt, Engel nicht nur zu spüren, sondern sie auch hautnah zu erleben? Der Onlinekurs "Engel-Kontakt – sehen, berühren und hören!" bietet dir die Möglichkeit, eine intensive, persönliche und außergewöhnliche Verbindung zu den Engeln herzustellen. Mit exklusiven Videos, praxisnahen Übungen und tiefgreifenden spirituellen Erfahrungen bringt dieser Kurs dich in die direkte Begegnung mit der Engelswelt.

Warum dieser Kurs ein besonderes Erlebnis ist

Der Onlinekurs wurde speziell für all jene entwickelt, die ihre Beziehung zu den Engeln vertiefen und ihre Präsenz auf einer noch intensiveren Ebene erfahren möchten.

1. Exklusive Inhalte

1. **Video-Lektionen:** Hochwertige, geführte Videos, die dir helfen, deine Sinne für die Engelswelt zu öffnen.

2. **Übungen und Meditationen:** Praktische Anleitungen, um Engel wahrzunehmen, mit ihnen zu kommunizieren und ihre Botschaften zu verstehen.

3. **Spirituelle Einblicke:** Inspirationen und Techniken, die von Experten entwickelt wurden, um dich auf deinem Weg zu begleiten.

2. Einzigartige Erfahrungen

1. **Engel berühren und sehen:** Lerne, wie du Engel durch visuelle und fühlbare Zeichen erkennen kannst.

2. **Persönliche Entwicklung:** Der Kurs hilft dir, Blockaden zu lösen und dein spirituelles Potenzial voll auszuschöpfen.

3. **Unvergessliche Momente:** Schaffe eine dauerhafte Verbindung zu deinen himmlischen Begleitern.

Was dich im Kurs erwartet

Der Kurs "Engel-Kontakt – sehen, berühren und hören!" ist so gestaltet, dass du Schritt für Schritt in die Welt der Engel eintauchst. Hier ist ein Überblick über die Inhalte:

Modul 1: Die Grundlagen des Engelskontakts

- Einführung in die Welt der Engel

- Die verschiedenen Engelsdimensionen und wie du sie wahrnehmen kannst

- Vorbereitung deines Energiefeldes für den Kontakt

Modul 2: Deine Sinne öffnen

- Übungen zur Aktivierung deiner spirituellen Sinne

- Wie du Engelsenergie fühlen und sehen kannst

- Erste Begegnungen mit deinem Schutzengel

Modul 3: Tieferer Kontakt durch Hören und Berühren

- Techniken, um Engelsbotschaften akustisch wahrzunehmen

- Die Energie von Engeln spüren und ihre heilende Wirkung erfahren

- Zeichen der Engel erkennen und deuten

Modul 4: Integration in den Alltag

- Wie du Engelsenergie in deinen täglichen Herausforderungen nutzen kannst

- Rituale und Gebete für eine kontinuierliche Verbindung

- Praktische Tipps zur Harmonisierung deines Lebens mit Engelspräsenz

Was macht diesen Kurs so besonders?

Der Kurs hebt sich durch seine praxisnahe und transformative Ausrichtung hervor. Hier sind einige Gründe, warum du diese Reise antreten solltest:

1. **Für alle Erfahrungsstufen:** Egal, ob du gerade erst beginnst oder schon Erfahrung im Engelskontakt hast – dieser Kurs bietet dir eine bereichernde Erfahrung.

2. **Flexibilität:** Du kannst den Kurs in deinem eigenen Tempo absolvieren und die Inhalte so oft wiederholen, wie du möchtest.

3. **Tiefgreifende Ergebnisse:** Teilnehmer berichten von spürbaren Veränderungen in ihrem Leben, einer stärkeren Intuition und einem tiefen Gefühl der Geborgenheit.

Erfahrungsberichte von Teilnehmern

- *"Ich habe immer an Engel geglaubt, aber dank dieses Kurses konnte ich ihre Präsenz wirklich spüren. Besonders die Übungen zur Wahrnehmung waren magisch!"* – Anna S.

- *"Die Video-Lektionen haben mir gezeigt, wie ich mit Engeln kommunizieren kann. Ich habe so viel Trost und Liebe erfahren!"* – Markus T.

- *"Der Kurs war eine tiefgreifende Erfahrung. Ich fühle mich seitdem sicherer und geleiteter in meinem Leben."* – Laura M.

Wie du teilnehmen kannst

Der Onlinekurs "Engel-Kontakt – sehen, berühren und hören!" ist über unsere Plattform verfügbar. Melde dich jetzt an und beginne deine Reise in die Welt der Engel.

Kosten und Details

- **Einführungspreis:** Nur 197 € (statt 1.299 €)

- **Inklusive:** Lebenslanger Zugang zu allen Materialien, regelmäßige Updates und Bonusinhalte

Bonusangebot:

Als Teilnehmer erhältst du Zugang zu einer exklusiven Community, in der du dich mit Gleichgesinnten austauschen und Fragen direkt an die Experten stellen kannst.

Hier geht es direkt zum Onlinekurs!

https://www.soul-master-circle.de/engel/

Eine unvergessliche Reise

Der Onlinekurs "Engel-Kontakt – sehen, berühren und hören!" ist nicht nur eine Möglichkeit, die Engel intensiver zu erleben, sondern auch eine Einladung, deine spirituelle Reise auf eine neue Ebene zu bringen. Lass dich von der himmlischen Energie der Engel berühren und entdecke, wie sie dein Leben bereichern können.

Melde dich noch heute an und erlebe die Welt der Engel wie nie zuvor!

Abschlusswort / Gedanken

Liebe Leserin, lieber Leser, liebe Seele,

nun, da du die letzten Seiten dieses Buches erreicht hast, möchte ich dich auf eine besondere Weise verabschieden und einladen, das Gelernte in deinem Leben zu verankern.

Die Reise mit den Engeln endet niemals – sie ist ein unaufhörlicher Fluss von Licht, Liebe und göttlicher Führung, der dein Leben durchzieht und dich auf jedem Schritt deines Weges begleitet.

Erinnere dich daran, dass du nicht nur ein Mensch bist, der gelegentlich eine spirituelle Erfahrung macht. Vielmehr bist du ein spirituelles Wesen, das in der menschlichen Form eine einzigartige Erfahrung macht. Diese Erkenntnis ist der Schlüssel, um die Verbindung zu den Engeln und zur göttlichen Quelle tief in deinem Inneren zu verstehen.

Die Engel haben dir in diesem Buch ihre Flügel der Weisheit geöffnet. Sie haben dir gezeigt, wie du ihre Präsenz in deinem Leben fühlen, ihre Botschaften hören und ihre Liebe empfangen kannst.

Doch all das Wissen und die Inspiration, die du hier aufgenommen hast, sind nur der Anfang. Es liegt nun an dir, diese himmlische Verbindung zu pflegen und in deinen Alltag zu integrieren.

Lass dich von den Engeln leiten, wenn Herausforderungen auftauchen, und vertraue darauf, dass sie dir genau die Werkzeuge und Einsichten schenken, die du brauchst. In den Momenten der Freude werden sie mit dir lachen, und in den Momenten des Zweifels werden sie dir die Kraft geben, weiterzugehen. Sie sind immer bei dir – als leise Flüstern in deinem Herzen, als Lichtstrahl in dunklen Zeiten und als unsichtbare Hände, die dich halten.

Dieses Buch ist eine Einladung, dein Leben mit einem neuen Bewusstsein zu betrachten. Die Engel ermutigen dich, jeden Tag als Geschenk zu sehen, jede Begegnung als Gelegenheit zur Liebe und jede Herausforderung als Chance zur Transformation.

Öffne dein Herz und lass die Engelsenergie durch dich hindurchfließen. Werde ein Kanal für ihr Licht und teile es mit der Welt um dich herum.

Vielleicht möchtest du deine eigene Engelsreise dokumentieren, sei es in einem Tagebuch, durch Meditationen oder durch kleine Rituale, die dich mit ihren Energien verbinden.

Jede Geste der Dankbarkeit, jedes liebevolle Gebet und jede achtsame Handlung bringt dich näher zu ihnen und zu deiner eigenen göttlichen Essenz.

Ich danke dir von Herzen, dass du dieses Buch zu einem Teil deiner Reise gemacht hast. Möge die Verbindung zu den Engeln dein Leben bereichern, dir Frieden schenken und dich in deiner spirituellen Entwicklung weiterführen.

Und denke immer daran: Du bist ein leuchtendes Wesen, unendlich geliebt und tief ver-bunden mit der Quelle allen Seins.

Mit und in tief empfundener Dankbarkeit und Liebe, sowie himmlischer Verbundenheit,
Dein

Chris Hohlstamm von Dehnen

Bonus-Kapitel: Kostenloses eBook, um deine medialen Fähigkeiten zu entwickeln + MEHR

Entdecke die Kraft deiner Intuition und mediale Fähigkeiten!
Bist du bereit, dein Potenzial zu entfalten und eine tiefere Ver-bindung zu deinem inneren Selbst und der spirituellen Welt auf-zubauen? Mit meinem **kostenlosen eBook** erhältst du wertvolle Methoden, praktische Übungen und inspirierende Impulse, um deine medialen Fähigkeiten Schritt für Schritt zu entwickeln. Ler-ne, deine innere Stimme zu hören, Zeichen zu deuten und deiner Intuition zu vertrauen – für mehr Klarheit, Lebensfreude und spi-rituelles Wachstum.

👉 **Jetzt hier kostenlos downloaden:**

https://www.soul-master-circle.de/engel/

Namasté

Über den Autor – Eine Reise zu den Lichtwesen

Einführung: Ein Leben im Dienst der Schöpfung

Schon als Kind spürte Chris, dass er irgendwie anders war. Während andere Kinder sich in alltäglichen Spielen verloren, zog es ihn in die Stille, zur Natur, zur Psychologie, Büchern und zu mystischen Momenten der Reflexion.

Chris Hohlstamm von Dehnen ist ein Name, der für Hingabe, Weisheit und eine tiefe Verbindung zur spirituellen Welt steht. Seine Reise als Medium begann für ihn selbst *erschreckend* bereits mit dem 7. Lebensjahr, denn als Kind, dass Verstorbene, Geistwesen und Engel ständig wahrnimmt, scheint diese Welt alles andere wie einfach zu sein. Entsprechend gestaltete sich sein Lebensweg, bewegt, durchaus interessant, bis bizarre.

Mit diesen medialen Gaben und Erfahrungen, und der inneren Frage „wofür und warum", wuchs in ihm das starke Bestreben, Menschen auf ihrem Weg in der Persönlichkeitsentwicklung, im Bereich Gesundheit, Beruf und auch im Business zu helfen, wieder ganz zu werden, sich weiterzuentwickeln und nicht nur als geistig zurückgebliebene und auf die Materie begrenzte Menschen zu leben, sondern wieder die Ganzheit in Besitz zu nehmen und als der zu leben, als der man hier in ein Leben gekommen ist, anstatt als eine billige Kopie von jemand anderem sein zu wollen, den es ja schon gibt.

Die 18 Ausbildungen in diesen Lebens-Bereichen unterstützen ihn bis heute in seinem Wirken. Ob nun als spiritueller Unternehmensberater im Business oder privat, ob als Lebenslehrer oder als ganzheitlicher Therapeut, ist er mit seinem Wissen und der starken Verbindung und dem Kontakt zur anderen Seite ein wahrer Weisheitsquell und Experte auf dem Gebiet der beruflichen, der privaten oder auch familiären Lebensgestaltung.

Das Thema Engel und die bewusste Begegnung mit Engeln erschloss sich ihm mit seinem 25-30 Lebensjahr. Diese bewussten Begegnung mit Engeln veränderten alles. Es waren und sind bis heute wahrlich lichte Momente voller Liebe. Hieraus erwuchs auch die Fähigkeit, weit in die Zukunft und auch in die Vergangenheit zurückblicken zu können, ob nun zu geschichtlichen Aspekten, der Entwicklung des Universums, oder der Lebensgeschichte von Menschen.

Die anfänglich zurückschaubaren 100 bis 300 Jahre waren eine ebenso erstaunliche Erfahrung, wie alle sich öffnenden Kanäle und außersinnlichen Begegnungen, die er bisher machen konnte. In diesem Buch teilt er seine Wissen und seine Erfahrungen!

Seine Vision und Mission ist klar: Menschen dabei zu helfen, ihre Verbindung zu den Engeln zu entdecken und ihr Leben dadurch zu bereichern, geistig, seelisch und auch menschlich.

Weitere Bücher von Chris Hohlstamm von Dehnen

Erhältlich unter: **www.lebensfreudeverlag.de**

 Im Licht deiner
Seele
Heilung finden –
Hoffnung leben –
Stärke entfalten
12,70 €

 Wenn du nicht
aufwachst, stirbst
du tot!
Deine Reise zu
einem bewussten
Leben!
12,70 €

Bodhisattva

Vom gemobbten
Pfarrerssohn zum
Therapeuten und
Menschenfreund
17,70 €

4Wie Sie spielend Ihr Traumleben verwirklichen

... und innerlich &
äußerlich reich werden!
7,50 €

Die Reise ins Licht
Spirituelle Praktiken für kosmische Energie, Selbstvertrauen und Ganzheitliches Bewusstsein!
8,70 €

7 Methoden, um dich von negativen Energien zu befreien
11,11 €

Der Geldfluss-Code

Überwinde limitierende Glaubenssätze und erlebe die natürliche Anziehung von Glück und Wohlstand!

12,70 €

Sie sind ein Glückspilz

Der Ratgeber für eine grandios glückliche Lebenszeit!

14,90 €

Die 25 goldenen Glücksregeln

... für ein Leben in Wohlstand, Reichtum und Harmonie!

17,90 €

9 Schritte zu Unerschütterlichem Selbstvertrauen

Steigere Dein Selbstbewusstsein, Deine Energy, Kraft und Leistungsfähigkeit, ...

14,90 €

4Erste Hilfe für die Partnerschaft

32 praktische Tipps, wie ihr Konflikte einfach lösen könnt, damit Harmonie und Liebe wieder sicht- und spürbar werden!

12,70 €

Engel-Kontakt

Haben Sie schon mal einen Engel gesehen?

16,90 €

Business meets Kampfkunst

Erfolgs-Strategien für Selbstständige, Führungskräfte und Unternehmer!

16,90 €

Erfolg ist D/eine Entscheidung

Erfolg ist kein Zufall! Er ist das Ergebnis bewusster Entscheidungen.

19,70 €